Apología de Sócrates
Menón
Crátilo

Platón

Apología de Sócrates
Menón
Crátilo

Traducción, introducción y notas
de Óscar Martínez García

Alianza editorial
El libro de bolsillo

Primera edición: 2004
Segunda edición: 2014
Octava reimpresión: octubre 2025

Diseño de colección: Estrada Design
Diseño de cubierta: Manuel Estrada

Reservados todos los derechos. El contenido de esta obra está protegido por la Ley, que establece penas de prisión y/o multas, además de las correspondientes indemnizaciones por daños y perjuicios, para quienes reprodujeren, plagiaren, distribuyeren o comunicaren públicamente, en todo o en parte, una obra literaria, artística o científica, o su transformación, interpretación o ejecución artística fijada en cualquier tipo de soporte o comunicada a través de cualquier medio, sin la preceptiva autorización.

© de traducción, introducción y notas: Óscar Martínez García, 2004
© Alianza Editorial, S. A., Madrid, 2004, 2025
　Calle Valentín Beato, 21
　28037 Madrid
　www.alianzaeditorial.es

ISBN: 978-84-206-8365-2
Depósito legal: M. 33.795-2013
Printed in Spain

Índice

9 Introducción
33 Bibliografía

39 Apología de Sócrates

85 Menón

145 Crátilo

Introducción

En torno a la figura de Sócrates

Cualquier acercamiento a la figura de Sócrates –venía a decir Bertrand Russell[1]– nos propone la paradoja de no saber si lo que conocemos acerca de su persona es mucho o muy poco. Como es bien sabido, Sócrates no dejó escrito nada sobre su vida ni su doctrina, mientras que las fuentes en las que cabe rastrear los detalles de su existencia[2], en tanto que no tenían ni pretensión ni conciencia de serlo, resultan, a tales efectos, no sólo divergentes entre ellas[3], sino divergentes consigo mismas[4]. Con las debidas cautelas, pues, podría decirse que Sócrates nació hacia el año 470/469 a. C. en el *demo* ateniense de Alópece. Era hijo de una comadrona de nombre Fenárete y de un escultor llamado Sofronisco. Asimismo, habría estado casado con dos mujeres, Jantipa y Mirto, de las que tuvo tres hijos. De su actividad en la esfera pública, las fuentes dejan constancia de su intervención como hoplita (soldado de infantería pertrechado de armas pesadas) en diversas batallas de la guerra del Peloponeso (Potidea, Anfípolis y Delión; *Apología* 28e), en las que, según es fama, se condujo con singular valentía y dio muestras de una probada resistencia al hambre y al frío *(Banquete* 219e-221d). En cuanto a sus escasas intervenciones en asuntos de índole política, cabe, sin embargo, destacar –así se refiere en *Apología* 32a-c– la ocasión en que como miembro del Consejo se opuso a que se juzgara en bloque (por tanto ilegalmente, pues la ley obligaba a juzgarlos por separado) a los generales que a causa de una tormenta no pudieron rescatar los cuerpos de los caídos en la batalla naval de las Arginusas (406 a. C.). Más tarde, bajo la oligarquía de los Treinta, Sócrates puso en riesgo su vida al oponerse al arresto de un inocente, Leonte de Salamina *(Apología* 32c-d).

Éstos, más el crucial episodio de su condena a muerte, del que hablaremos por extenso más adelante, son los hitos que jalonan, siquiera de forma esquemática, la vida del filósofo. Por lo que se refiere a su cotidianidad, valga decir que no se le conoce el desempeño de un oficio concreto y definible; espoleado, antes bien, por un fuerte empeño ético e intelectual, se dedicaría a recorrer por plazas y calles dialogando con un grupo de allegados, poderosos y ricos muchos de ellos, y despertando el interés y la atención de los jóvenes. Este modo de vida, sumado a su proverbial fealdad, inseparable ésta de una personalidad cautivadora[5], sin duda debió de granjearle una cierta fama entre sus conciudadanos. Al menos así lo testimonia el hecho de que en las Grandes Dionisias del año 423 a. C. Aristófanes ponga en escena una caricatura de Sócrates.

En *Las Nubes,* el cómico nos presenta al filósofo bajo las trazas de un desastrado intelectual que deambula indagando sobre los fenómenos celestes y subterráneos y que dirige un «pensadero» en el que, previo pago, enseña a los jóvenes cómo adquirir fama y riqueza con el solo uso de la palabra. Esto es, la obra incide en la aparición de los nuevos métodos de investigación científica, así como las modernas técnicas de enseñanza de la juventud, que, basadas principalmente en el desarrollo de habilidades retóricas, pregonaban los sofistas, quienes, al margen de toda tradición, se habían enseñoreado de la vida intelectual de Atenas. De este modo, lo que hace Aristófanes es, con un talante reaccionario, presentar estas novedades no ya sólo como inútiles, sino como inmorales, impías y, en suma, nocivas para la ciudad, y a Sócrates como la encarnación de estos males. La conclusión es clara: la imagen que proyecta Sócrates, al menos para el sector más conservador y tradicionalista de Atenas, es la de un sofista, el sofista por antonomasia. Sin embargo, Sócrates no lo era. Y no sólo no lo era, sino que en cuestiones capitales como la moral, la ley, la tradición o las divinidades sostenía posiciones radicalmente contrarias a las de los sofistas: «Ley frente a naturaleza –escribe Fernández-Galiano[6]–, razón frente a sofisma, ciudad frente al vago concepto de humanidad, democracia frente al vago concepto del más fuerte». Ni enseñaba por dinero ni prometía el éxito personal y profesional de sus oyentes.

De hecho, Sócrates es un ciudadano ejemplar, que profesa fidelidad a las instituciones, que, como muestra el *Critón*[7], respeta las leyes hasta las últimas consecuencias y observa escrupulosamente los preceptos religiosos tradicionales. Sin embargo, hay un aspecto en el que parece que se produce una suerte de cortocircuito entre él y la ciudad: la política. Lo dijimos antes, Sócrates es absolutamente refractario a las cuestiones políticas (*Apología* 31d) y en ello, al menos en una parte sustancial, puede estribar el palmario desajuste que existe entre él y sus conciudadanos, desajuste que acabará desembocando tan trágica como incomprensiblemente en el episodio de su condena y muerte. Pero, a este respecto, dejemos hablar a quien consideramos que ha planteado de forma brillante esta cuestión, Ezio Savino[8]:

«Vinculado por filiación a la vieja *polis*, Sócrates es, por otra parte, un intelectual inédito, que quiere escapar del tradicional líquido amniótico del hombre antiguo, la política, para explorar los terrenos espinosos de la ética, de la lógica. Todo esto no en las aulas de una academia, de un laboratorio de pensamiento donde toda audacia *in vitro* es tolerada, sino en las calles y plazas, en encuentros públicos, en los comedores y en los patios, siempre rodeado de una muchedumbre de jóvenes curiosos.

»Su forma de comunicar es antipolítica. El orador hablaba desde la tribuna al pueblo reunido en asamblea. El poeta dispensaba sus fantasías en las gradas repletas del teatro. El sofista se encontraba en su ambiente en las aulas abarrotadas. Sócrates busca el intercambio de ideas con el individuo. El diálogo es su expresión. Su objetivo, el convencimiento del interlocutor y la puesta al desnudo, por medio del juego de preguntas y respuestas, de una verdad.

»Su extraña religión es la investigación. Parece que quiera afianzar, sobre los puntos fundamentales de la vida humana, un saber estable. Pero, al mismo tiempo, su método es corrosivo porque consiste en poner todo en discusión una y otra vez. Nada lo excita más que un interlocutor que ingenuamente se gloría ante él de poseer una certeza [...] Entonces, Sócrates sabe ser cruel. Trabaja al desdichado con el florete de la ironía. Golpe a golpe, inquiriéndole, le hace caer a trozos la armadura de presunta seguridad, hasta que el otro se descubre desnudo, confuso, paralizado. Sócrates le ha inoculado su obsesión de no saber».

La dificultad a la hora de desentrañar su figura estriba en que nuestro filósofo es el nexo de unión entre un mundo que se desmorona y otro que surge, y la fractura –no podía ser de otra forma– se produce en el punto que ocupa Sócrates.

A la edad de setenta años, en la primavera del 399 a. C., y sabedor ya de que sus conciudadanos le habían condenado a muerte, Platón pone en boca de Sócrates una máxima que quizá represente como ninguna otra las líneas maestras sobre las que el filósofo basó su existencia, a saber: «Una vida no examinada no merece ser vivida» (*Apología* 38a). De alguna manera, la *Apología* viene a constituir el honesto y desnudo examen de su propia existencia. Quizá la aproximación más cierta, y también la más hermosa, a la figura de Sócrates la constituya el amoroso tributo de un discípulo a la memoria de su maestro que es la *Apología*.

Apología

La *Apología* es el alegato de defensa que Sócrates pronuncia ante el tribunal que habría de sentenciarlo a muerte. Corría el año 399 y el filósofo rondaba los setenta años de edad. La acusación establecía que (a) Sócrates no reconocía los dioses de la ciudad, (b) quería introducir nuevas divinidades y (c) corrompía a la juventud[9]. Detrás de esta acusación se encontraban Meleto, Licón[10], y, principalmente, Ánito, el auténtico instigador de la denuncia, quien se definía por haber servido como estratego en el ejército ateniense y haber contribuido a la expulsión de los Treinta Tiranos, siendo, además, un encarnizado enemigo de los sofistas[11]. Pero los factores políticos y educativos que se alegan en la acusación no se entienden sin el trasfondo histórico que en ellos se entrevera.

En el año 404, tras un enfrentamiento entre las potencias de Atenas y Esparta que se había prolongado por espacio de veintisiete años, las tropas espartanas entran en Atenas y desmantelan las legendarias murallas que protegían la ciudad, lo que viene a certificar no sólo la derrota ateniense en la guerra del Peloponeso, sino, provisionalmente, el fin de su democracia. Desde ese momento, los designios de la ciudad quedan en manos de treinta aristócratas, los Treinta Tiranos, designados por Esparta con el objeto de redactar una nueva constitución. Es el inicio de una sangrienta caza de brujas en la que se suceden los asesinatos, las confiscaciones de bienes, las persecuciones políticas y los exilios. En el curso de un año, el régimen de terror de los Treinta es derrocado por la «resistencia» democrática capitaneada por Trasíbulo. Sin embargo, tendrían que pasar dos años más hasta que la democracia fuera plenamente restaurada, y todavía en el año 399 la sombra de los oligarcas se proyectaba, amenazadora e insalubre, sobre ella.

En ese clima tan viciado, las miradas se detienen en Sócrates, del que todos conocían su trato, durante los años precedentes, con personajes tan significados como Critias, el cabecilla de los Treinta, y su lugarteniente Cármides (familiares ambos de Platón), así como su íntima relación con Alcibíades, el famoso *enfant terrible* de Atenas, cuya última infamia había sido la de pasarse al enemigo al enterarse de que en Atenas se le acusaba de sacrilegio. Mentor de todos ellos había sido Sócrates, el hombre que recorría la ciudad sembrando la duda sobre las verdades consolidadas, sometiendo a un implacable examen –imperativo de Apolo, para mayor gravedad (21b ss.)– y ridiculizando a todos aquellos que aprovechándose de la confusión habían medrado hasta erigirse como cabezas visibles de la reinstaurada democracia. A su vez, estas personas –se les venía sin duda a la mente el retrato plasmado por Aristófanes en *Las Nubes* más de veinte años atrás– veían en el filósofo el elemento desestabilizador que había venido carcomiendo los valores de la ciudad.

Sócrates resultaba, pues, un elemento molesto y aunque, en virtud de la amnistía decretada en el 403, no cabía ninguna acción política contra él, sí había un aspecto en el que, en términos legales, era vulnerable: la religión. Sócrates proclamaba contar con la presencia de un *daimónion*, una suerte de espíritu guardián o señal divina que le impedía llevar a cabo cualquier acción –como la participación en asuntos políticos (31d5)– de la que se pudiera derivar para él algún tipo de daño. Dicha afirmación venía a constituir una interpretación individual del hecho religioso, esto es, una actuación al margen del Estado, que era el único encargado de establecer quiénes eran las divinidades oficiales. Así las cosas, Sócrates es denunciado por *asébeia* («impiedad») ante el arconte rey, acusación a la que añaden la coda de ser, además, un corruptor de la juventud[12]. Con todo, una acusación de estas características sólo de forma absolutamente inopinada habría podido derivar en la condena a muerte del filósofo.

Llegados a este punto sólo cabe dirimir el grado de credibilidad que concedemos a la *Apología* como testimonio fiel de lo que Sócrates argumentó en su defensa durante el proceso. No podemos perder de vista que lo que aquí tenemos son las palabras que Platón pone en boca de su maestro, no la transcripción taquigráfica de sus *ipsissima verba*. Sin embargo, la idea de que la *Apología* no es producto de la imaginación de Platón, sino que en esencia, aunque de forma más acabada literariamente hablando, recoge las palabras de Sócrates, tiene a su favor argumentos como el de que a tan corta distancia de lo acaecido Platón nunca hubiera plasmado unos hechos ajenos a la realidad con tantas personas alrededor que hubieran podido desdecirle[13]. Ahora bien, sólo tomando como ciertas las palabras que Platón atribuye a Sócrates es posible entender que el asunto llegara tan lejos (no haría falta, entonces, pergeñar una leyenda según la cual el filósofo habría guardado silencio, ni postular, con la fina ironía de un Dürrenmatt[14], que Sócrates confundió su discurso y dijo a los jueces aquello que sólo debía haber dicho en caso de resultar absuelto). Ya las primeras palabras de Sócrates —dirigiéndose al tribunal bajo la mera advocación de «atenienses» en lugar de la preceptiva de «jueces»— constituyen una provocación en tanto que, de alguna manera, vienen a poner en duda la legitimidad de aquellos que le juzgaban. Acabada la primera intervención de Sócrates, la «apología» propiamente dicha (17a-35d), el filósofo es declarado culpable. Toca, entonces, conocer la pena que propone la acusación. La pena que propone Meleto es la de muerte. Llega la hora de que el acusado haga una contrapropuesta con el objeto de que los jueces elijan entre la pena postulada por la acusación y la que propone el acusado, sin que quepa la posibilidad de optar por una vía o arreglo intermedio. A Sócrates le hubiera bastado con proponer el destierro, una salida más que satisfactoria para la acusación, pues, al fin y al cabo, posiblemente fuera ésa la pena en que se cifraba su objetivo. Sin embargo, reclama para sí el alto honor de ser mantenido en el Pritaneo a expensas de la ciudad y sólo finalmente, convencido por sus amigos, plantea el pago de una alta suma de dinero (35e-38b). Queda aún una tercera parte (38c-42a), donde Sócrates dedica unas últimas palabras tanto a los jueces que habían votado contra él como a los que habían votado a su favor. Estas palabras, tan honestas como gloriosamente altivas, en las que el filósofo asume su condena, dan la medida de la grandeza e integridad con que Sócrates se ha conducido en su empeño ético.

No queremos abandonar esta somera aproximación a la *Apología* sin volver a traer las siempre esclarecedoras palabras de Ezio Savino[15]: «La *Apología* conserva la estupenda equivocidad de quien la pronunció. Es un defenderse de las acusaciones bajando la guardia, proponiendo un retrato de sí mismo tan neto e incisivo como para resultar más amenazador que el trazado por los acusadores. El discurso, humildemente propuesto a los "señores atenienses" como conversación de pocas pretensiones, se yergue a unos niveles de verdad no concebibles por la mentalidad corriente. Es un autorretrato sincero y, por tanto, una locura: la defensa irónica de un condenado que se crucifica, con lúcido rigor, a sí mismo. Una *Apología* que, ante aquel tribunal y en aquellas circunstancias, constituye un espléndido y completo acto de acusación».

Menón

El diálogo *Menón* se abre, de forma inusitadamente abrupta, con la pregunta de qué es la virtud, o, mejor, si ella es enseñable o, en su defecto, adquirible mediante la práctica. No en vano este diálogo, que ha venido recibiendo desde antiguo el subtítulo «De la virtud», recogía un tema muy del gusto de los sofistas, quienes, como Protágoras, Gorgias o Hipias en los diálogos anteriores, proclamaban ser maestros de virtud. Ahora bien, el concepto de virtud, tal y como la entendemos nosotros, es sólo un pálido reflejo de lo que los griegos entendían por *areté*[16]. Si bien en época homérica la *areté* estribaba en la excelencia en el combate del héroe-aristócrata y en el prestigio que de sus acciones en ese terreno se derivaban, en época clásica el concepto de «excelencia» –término que, tal vez, traduciría más ajustadamente *areté*– se ha desplazado del campo de batalla al ágora. Al menos eso es lo que se desprende de la declaración de Protágoras cuando afirma que lo que él enseña, en tanto que maestro de virtud, es la forma de llegar a ser la persona más influyente en la ciudad *(Protágoras* 319a). Así es, del mismo modo que la *areté* de los ojos estriba en el hecho de llevar a cabo exitosamente la operación de ver, y la de los oídos la de oír *(República* 353b-c), la del hombre consistirá en ser diligente a la hora de administrar tanto la hacienda propia como los asuntos de la ciudad *(Menón* 71e).

Sea como sea, Platón recoge en el *Menón* la pregunta acerca de la virtud que en el *Protágoras* había quedado sin respuesta, flotando en esa aporía o incapacidad para alcanzar la solución de un problema tan característica de los diálogos más tempranos. Y, como decíamos antes, lo recoge de manera abrupta, impaciente por traspasar el punto a que había llegado anteriormente para acudir a territorios en los que se adentrará con mayor profundidad en diálogos posteriores, tales como el *Fedón* o el *Banquete*. Se puede decir con propiedad que el *Menón* marca el punto de transición entre los primeros diálogos y los diálogos de época intermedia, en los que, siempre tras la máscara de Sócrates, la voz personal de Platón se va haciendo oír cada vez con más fuerza. Pues bien, entre un periodo y otro se sitúa, hacia el 388 a. C., el viaje de Platón a tierras del sur de Italia y Sicilia, y su encuentro, de manos de Arquitas de Tarento, con las doctrinas de la escuela pitagórica, doctrinas que cuajarán en Platón y acabarán alcanzando un poderoso desarrollo en el curso de su pensamiento. Por un lado tenemos la teoría de la preexistencia del alma, de ascendiente pitagórico y órfico. Según esta teoría, el alma, de origen divina, transitaría por diversos cuerpos, siendo recompensada o castigada de acuerdo con su comportamiento en sus sucesivas reencarnaciones, hasta verse finalmente libre de su envoltura corporal. Sobre las bases de dicha teoría se podrá, pues, levantar esta otra: la de la reminiscencia. En ella Platón asume la existencia de un conocimiento latente, adquirido en las previas existencias del alma y que ha de ser suscitado por medio de las preguntas apropiadas. Platón demuestra gráficamente –y nunca mejor dicho– esta teoría en el célebre episodio en que, por medio de figuras trazadas en el suelo, va haciendo aparecer en el personaje de un muchacho, un esclavo de Menón, conocimientos en los que jamás había sido aleccionado (81e-84a). De este modo, lo que esta experiencia trata de poner de manifiesto es que el aprendizaje no es otra cosa que el recuerdo de conocimientos que el alma adquirió en sus anteriores vidas. Son nociones estas, volvemos a insistir, que crecerán y se matizarán en escritos posteriores. Tanto es así que en alguna ocasión, y tomando en consideración el hecho de que a su regreso a Atenas en el año 387 a. C., Platón fundó la Academia, se ha querido ver en este diálogo el programa de su escuela filosófica.

La pieza toma su nombre de un joven noble que se encuentra de paso en Atenas y se hospeda en casa del agrio Ánito; procede de Tesalia, donde ha recibido las enseñanzas de Gorgias. La escena debe de tener lugar unos dos o tres años antes de que Sócrates sea condenado a muerte merced a los manejos de este propio Ánito, que, ya aquí, parece advertir al filósofo del mal que se le avecina de perseverar en una actitud que él censura (94e). Las trazas de Menón son las de un joven amable y voluntarioso en su afán de conocimiento, mientras que las de Ánito son las de un rancio e intratable conservador, enemigo acérrimo de los sofistas, entre los que parece encuadrar a Sócrates. Un cuarto personaje es el muchacho esclavo de Menón, del que se sirve Platón para mostrar su teoría de la reminiscencia.

El diálogo puede estructurarse de la siguiente manera:

I. Inicio del diálogo: Menón lanza la pregunta de si la virtud es enseñable. Sócrates responde que no conoce a nadie que sepa ni tan siquiera qué es la virtud (70a-71d).

II. Comienzo de la investigación: ¿qué es la virtud? Diversos tipos de virtud. Búsqueda de un denominador común a todas ellas (71e-73c).

III. Intentos de definición de «virtud»: virtud como «la capacidad de gobernar a los hombres» (73d). Refutación de Sócrates y solicitud de una segunda definición (73c-77a). Virtud como «el deseo de las cosas bellas y poder procurárselas» (77b). Invalidación de la definición por parte de Sócrates (78b-79c).

IV. Interrupción: comparación de Sócrates con el torpedo (79e-80d). Se retoma la conversación, ¿es posible llegar a saber algo de lo que nada se sabe previamente? (80d-e).

V. Teoría de la reminiscencia (81a-e). Demostración empírica de la teoría (81e-86c).

VI. «Método hipotético»: la virtud habrá de ser conocimiento y, por tanto, enseñable (86c-89c). Dudas acerca de que la virtud sea conocimiento (89c-90b).

VII. Diálogo Sócrates-Ánito: rechazo por parte de Ánito de que sean los sofistas los maestros de virtud (90b-93b).

VIII. Conclusión: la virtud no es enseñable sino que viene dada por adjudicación divina (95a-100).

Crátilo

Situado cronológicamente entre los anchos márgenes de los diálogos medios (387-367 a. C.)[17], el *Crátilo,* como en el caso del *Menón,* ha venido recibiendo un subtítulo, «Del lenguaje», que declara en términos generales la cuestión sobre la que versa el diálogo. Más en concreto, la cuestión de fondo que en él se debate es la validez del lenguaje como medio de acceder al conocimiento de la realidad. A estos efectos, Platón pone en escena a su maestro Sócrates junto a otros dos personajes más o menos anónimos, Hermógenes y Crátilo, que pasan por haber sido también maestros del propio Platón[18]. El diálogo comienza cuando el primero invita a Sócrates a terciar en la conversación que mantiene con Crátilo acerca de la «rectitud de los nombres» *(onómatos orthóteés),* o lo que es lo mismo, acerca de si la relación de los nombres con las realidades que denominan viene dada por naturaleza, que es la postura sostenida por Crátilo, o si, por el contrario, esa relación es arbitraria y está establecida a partir de la convención y el acuerdo de los hablantes (la postura de Hermógenes).

Estas dos posiciones, la naturalista de Crátilo y la convencionalista de Hermógenes –nos encontramos, en definitiva, ante la oposición *physis/nómos*–, reflejan, respectivamente dos concepciones del lenguaje de signos marcadamente opuestos. Por un lado tendríamos la indistinción entre realidad y palabra propia del pensamiento presocrático, donde el lenguaje es parte de esa realidad y pronunciar un nombre entraña la manifestación de lo nombrado con todos sus elementos esenciales: «El que conoce los nombres conoce también las cosas» (435e), afirma Crátilo. Frente a esta concepción naturalista se alza la tesis abanderada por la sofística de que el lenguaje es fruto de la actividad humana y un valioso instrumento, de ahí el papel tan preponderante que los sofistas dieron al lenguaje, así como la importancia que confirieron a su dominio.

En el curso de su arbitraje, Sócrates –esto es, Platón a través de Sócrates– no tomará partido por ninguna de las dos tesis, por más que en un primer momento parezca estar más cerca de la teoría naturalista defendida por Crátilo. Ante el relativismo que propone Hermógenes, a quien Sócrates, aprovechándose de su impericia, le ha llevado a asumir la tesis extrema de Protágoras según la cual «el hombre es la medida de todas las cosas», el filósofo va a reivindicar que éstas observan una estabilidad en su esencia (*bebaiótēs tês ousías;* 386a) y, por tanto, son «en sí» e inmutables. Sin embargo, la tesis defendida por Crátilo, de la que se habría de inferir que los nombres, en la medida que lo son las pinturas, son imitación de las realidades que nombran, tampoco resulta satisfactoria para Sócrates «dado que todo vendría a ser doble y nadie estaría en condiciones de afirmar cuál es la cosa misma y cuál es su nombre» (432d).

Entre una y otra refutación se instala la denominada «sección etimológica» del *Crátilo,* que ocupa gran parte del diálogo (390e-427d). En ella, Sócrates pasa revista a un buen número de palabras, analizando el modo en que el «legislador», esto es, la anónima personalidad de alcance cuasi mítico encargada de asignar los nombres, las ha forjado. Mucho se ha hablado de la ironía con que está tratada por parte de Platón/Sócrates esta sección. No cabe duda de que sobre el diálogo planea ese aire de ironía tan característico del filósofo[19] y que sólo un porcentaje muy bajo de las etimologías propuestas son ciertas. Ante ello hay que decir que, en todo caso, no se trata de una ironía ociosa, destinada, tal vez, a ridiculizar los procedimientos de los sofistas. Aun si se trata de un juego, no podemos despojarla de su dosis de seriedad, si somos capaces de calibrar cuán enraizada estaba en la cultura griega tradicional la creencia en la capacidad reveladora de la palabra[20].

Podemos decir, con José Luis Calvo, que «lo que queda bien claro es la intención de Sócrates de descalificar al lenguaje como medio de acceder a la realidad, mediante el rechazo de dos teorías que pretendían, cada una, constituir a éste en único y más idóneo método para ello»[21]. Las cosas, en definitiva, pueden ser conocidas directamente, prescindiendo de la mediación del nombre.

El diálogo puede estructurarse de la siguiente manera:

I. Inicio del diálogo: exposición de la tesis convencionalista de Hermógenes y la naturalista de Crátilo (383a-384e).

II. Refutación de la tesis convencionalista de Hermógenes: los enunciados pueden ser verdaderos o falsos, por lo que los nombres son parte de ellos también (385a-389a).

III. Postura de Sócrates: la acción de nombrar tiene un instrumento que es obra del «legislador», el encargado de dar nombre a las cosas (389a-390e).

IV. Sección etimológica (390e-427d): análisis de nombres propios de dioses y héroes (391b-396d); análisis de nombres comunes –dios, *demon,* héroe, cuerpo, alma...– (397c-400c); análisis de nombres de dioses nuevamente (400c-408b); nombres de fenómenos naturales –sol, luna, fuego, éter...– (408b-410e); nombres abstractos referidos a nociones morales –virtud, inteligencia, vicio, valentía...– (411a-420c). Examen de los nombres primigenios de los que derivan todos los demás; ¿de dónde derivan a su vez los primigenios? (420c-424a). Letras y sílabas; análisis de algunas letras que componen los nombres primitivos como imitación de las cosas (424a-427d).

V. Refutación de la tesis de Crátilo: el nombre como imitación de la cosa no debe ser doble de ella, pues, de ser así, se trataría en realidad de dos veces la misma cosa. Crátilo sostiene que quien conoce el nombre conoce la cosa y Sócrates replica que quien puso los nombres podía albergar un concepto erróneo de las cosas (427d-439b).

VI. Conclusión: el lenguaje no es un medio válido para el conocimiento de las cosas (439b-440e).

Nota a las traducciones españolas de Platón. Nuestra traducción

Han pasado más de ciento treinta años desde que aparecieran las *Obras completas de Platón, puestas en lengua castellana por primera vez por Patricio de Azcárate,* publicadas en once volúmenes (Madrid, Medina y Navarro Editores, 1871-1872). A tan benemérita acción cabe ponerle el pero de haber sido levantada sobre las *Oeuvres complètes de Platon* (París, Bossange, 1822-1840) de Cousin[22]. Que nosotros sepamos, el siguiente intento por rendir la obra completa de Platón, si bien al catalán, fue el iniciado, para mayor gloria de la Fundación Bernat Metge, en el año 1924 por Joan Crexells. Su encomiable empeño de dotar a una lengua la obra completa de Platón acompañada del texto griego está a punto –si no lo está ya– de verse culminada[23]. Hacia 1930 se podía leer todo Platón en las traducciones de Juan Bautista Bergua, que, a pesar de haber planeado siempre sobre ellas la más que fundada sospecha de que procedían del francés, llevaron a cabo una ímproba labor de divulgación de los clásicos. De 1966 datan las *Obras completas* presentadas por María Araujo. Con la participación de varios traductores, maestros insuperables algunos de ellos, el resultado del conjunto es, sin embargo, desigual, por cuanto en alguna de las obras se puede rastrear claramente la huella de las versiones francesas de Les Belles Lettres[24]. Entre 1980 y 1982, bajo el sello de la Universidad Nacional de Venezuela, aparecen los doce volúmenes de las *Obras completas* traducidas por Juan David García Bacca[25]. Finalmente, entre 1981 y 2000 aparecen en la Biblioteca Clásica Gredos los nueve volúmenes de que constan los *Diálogos* de Platón.

Dejando al margen las traducciones insertas en las diferentes *obras completas* arriba mencionadas (a destacar la *Apología* de Julio Calonge, el *Menón* de Francisco José Olivieri y el *Crátilo* de José Luis Calvo, en Gredos), señalaremos que de la *Apología* contamos con no menos de una docena de excelentes traducciones (Berenguer Amenós, Eggers Lan, López Castellón, García Calvo, Moreno Jurado...), entre las que cabe destacar, por ir acompañada de texto griego establecido por el propio traductor, la reciente versión de E. A. Ramos Jurado: *Apología de Sócrates. Fedón,* Madrid, CSIC, 2002. Menos son las traducciones llevadas a cabo del *Menón;* apenas la benemérita y ajustadísima –inspirada de un penetrante aliento *schleiermacheriano,* si se permite la palabra– traducción de A. Ruiz de Elvira *(Menón,* Madrid, Instituto de Estudios Políticos, 1958; con texto establecido por el traductor y erudita introducción y notas). Al otro lado del espectro, en lo que hace a presupuestos traductológicos, se encuentra la de E. López Castellón *(Menón,* Madrid, Istmo, 1999; acompañada del texto griego de Les Belles Lettres y amplia introducción general y comentario). Con respecto al *Crátilo,* cabe reseñar el hecho de que su primera versión apareció, junto al *Fedón* y el *Gorgias,* a caballo de los siglos XVI y XVII, y corrieron a cargo de Pedro Simón Abril. De este diálogo conocemos además las versiones de V. Bécares Botas *(Crátilo o Del lenguaje,* Salamanca, Ediciones Universidad de Salamanca, 1982), la de U. Schmidt Osmanczik *(Crátilo,* México D. F., UNAM, 1988; acompañada del texto griego de Les Belles Lettres) y la reciente de A. Domínguez, *Crátilo o Del lenguaje* (Madrid, Trotta, 2002).

Nuestra traducción se ha realizado siguiendo el texto de Duke para la *Apología* y el *Crátilo,* mientras que la del *Menón* está realizada sobre la edición clásica de Burnet. Sin intención de hacer aquí un alegato justificativo de nuestra traducción, diremos que nos ceñimos al texto del original sin tratar de paliar las dificultades, allí donde las haya, que el propio texto griego entraña, pero tratando asimismo de no proponer más de las que en realidad tiene. En este sentido, hemos tendido a traducir de forma accesible sintagmas o conceptos que un griego entendía sin mayor dificultad y no acudiendo al sentido técnico que luego ha adquirido debido a la labor de los estudiosos, por ejemplo: «argumento controvertido» en lugar de «argumento erístico», y así en ocasiones análogas. No podemos decir aquí sobre nuestra propia traducción más de lo que ella dice por sí misma.

Óscar Martínez García

Notas

1. Cfr. B. Russell, *Historia de la Filosofía Occidental,* tomo I, trad. esp., 9.ª ed., Madrid, Espasa Calpe, 2003, p. 121.
2. Aparte de *Las Nubes* de Aristófanes, los diálogos de Platón (excepción hecha de *Las leyes* y algún otro), los escritos socráticos de Jenofonte *(Memorables, Económico, Apología de Sócrates, Banquete)* y las referencias de Aristóteles, la figura de Sócrates quedó retratada en la obra de otros comediógrafos y en la abundante literatura socrática que floreció sobre todo tras su muerte y que nos ha llegado de forma fragmentaria (apenas Antístenes).
3. Baste con comparar la *Apología* platónica con la debida a Jenofonte y al Sócrates ahí retratado con el sofista subversivo que pone en escena Aristófanes.
4. Se puede decir que el Sócrates de los primeros diálogos de Platón *(Apología, Critón, Eutifrón...)* es más «histórico», mientras que el de los diálogos tardíos es más bien una pantalla mediante la cual Platón desarrolla sus propias doctrinas.

5. Nos atenemos a la descripción que de él hace Alcibíades: «Afirmo, en efecto, que él se asemeja mucho a los silenos esos que se encuentran en los talleres de los escultores, que elaboran los artesanos llevando siringas o flautas y que, abiertos en dos, se ve que tienen en su interior estatuas de dioses. Y afirmo además que se parece al sátiro Marsias [...] ¡Y mucho más maravilloso que Marsias! Éste, en todo caso, encantaba a los hombres por medio de instrumentos, con el poder de su boca [...] Pero tú te diferencias de él tan sólo en que sin instrumentos, con palabras desnudas, consigues el mismo resultado [...] Porque cuando lo escucho, mi corazón, mucho más que el de los agitados coribantes, salta, y se me derraman las lágrimas por obra de la palabra de éste, y veo que también a otros muchos [sus palabras] les causan la misma impresión»; cfr. *Banquete* 215b-e [traducción de F. García Romero; Platón. *El banquete,* Madrid, Alianza Editorial, 2013 (3.ª ed.)].
6. Cfr. M. Fernández-Galiano, *Platón. Defensa de Sócrates,* Madrid, Gredos, 1985 (reimp.), p. 12.
7. En el *Critón* se aborda la cuestión del deber cívico: una vez que Sócrates ha sido condenado, su influyente amigo Critón le propone la posibilidad de eludir la muerte facilitándole la fuga. Sócrates, apelando a sus deberes como ciudadano, rechaza su proposición.
8. Cfr. E. Savino, *Platone. Simposio, Apologia di Socrate, Critone, Fedone,* Milán, Mondadori, 1991 (=1987), pp. 8-9.
9. Cfr. Platón, *Apología* 24b-c, y Jenofonte, *Memorables* I i 1.
10. Meleto y Licón aparecen posiblemente mencionados, respectivamente, en Aristófanes, *Ranas* 1302 y *Las Avispas* 1301.
11. Cfr. Platón, *Menón* 91c-92c.
12. Se trataría de la única acusación de este tipo –nos referimos a la de la corrupción de la juventud– en la Atenas clásica; cfr. M. C. Stokes, *Plato: Apology,* Warminster, Aris & Phillips, 1997, p. 11.
13. Para un repaso de las posturas sostenidas al respecto por parte de los estudiosos, cfr. E. A. Ramos Jurado, *Apología de Sócrates. Fedón,* Madrid, CSIC, 2002, pp. 40-42 de su introducción. Partidarios de que la *Apología* refiere, en buena sustancia, lo dicho por Sócrates son Grote, Burnet, Lledó, Eggers Lan, Gomperz... Sosteniendo posiciones contrarias tendríamos a Lesky, Coulter o Croiset.

14. Friedrich Dürrenmatt, *Der Tod des Sokrates,* Zúrich, Diogenes Verlag, 1991.
15. Cfr. E. Savino, *Platone. Simposio...,* p. 16.
16. A finales del siglo V a. C., la idea de la virtud moral como parte de la *areté* no era del todo extraña, si bien era sólo un aspecto más que todavía tardaría en desarrollarse hasta acabar convirtiéndose en su aspecto fundamental; cfr. R. W. Sharples, *Plato: Meno,* Warminster, Aris & Phillips, 1985, p. 4.
17. Sobre la cuestión de la fecha del diálogo, cfr. J. V. Luce, «The Date of the *Cratylus*», *American Journal of Philology,* 85 (1964), 136-154.
18. Cfr. Aristóteles, *Metafísica* 987a29 ss.; Diógenes Laercio, *Vida de los filósofos,* III, 6.
19. Ya desde el mismo principio, Sócrates hace gala de un talante ciertamente lúdico cuando al ser preguntado acerca de la «rectitud de los nombres» contesta: «Si yo hubiera escuchado de boca de Pródico el curso de cincuenta dracmas con que, según sus palabras, los asistentes reciben una cumplida formación al respecto, nada te impediría saber en este preciso momento la verdad sobre la rectitud de los nombres. Pero por ahora sólo he escuchado la lección de un dracma» (384b).
20. Cfr. F. Aronadio, *Platone. Cratilo,* Roma-Bari, Laterza, 1996, p. 27.
21. Cfr. J. L. Calvo, «Introducción» a *Crátilo,* en *Platón. Diálogos,* vol. II, Madrid, Gredos, 1983, p. 358.
22. Cfr. Anacleto Longué y Molpeceres, *Cinco diálogos de Platón, traducidos directamente del griego por...*, *El Convite, El Eutifrón, La Apología de Sócrates, El Critón, El Fedón,* Madrid, M. Tello, 1880, pp. 22-23.
23. Cfr. *Plató. Diàlegs,* vols. I-XVIII, Barcelona, Fundació Bernat Metge, 1924-2000. Según nuestras noticias, quedaría aún por traducir las *Leyes* y las *Cartas,* aparte de los escritos apócrifos. Esta aventura que dura más de tres cuartos de siglo ha contado con el esfuerzo del propio Joan Crexells (suya es la *Defensa de Sócrates,* en el volumen I), Jaume Olives (traductor del *Cràtil* y el *Menó,* en los volúmenes IV y V, respectivamente) y otros expertos de no menor importancia.
24. Emilio Lledó, en una nota de las características de la nuestra y de la que somos en buena parte deudores, señala cómo in-

cluso las introducciones de algunos diálogos son las correspondientes a los prólogos de la traducción francesa; cfr. E. Lledó, «Introducción», en *Platón. Diálogos,* vol. I, Madrid, Gredos, 1981, p. 134.
25. Culminaba así una labor a la que había dado inicio cerca de cuarenta años atrás con la publicación de los tomos I-III bajo el auspicio de la Universidad Autónoma de México (1944-1946).

Bibliografía

Ediciones

BURNET, J.: *Platonis Opera I-V,* Oxford, Clarendon Press, 1900-1907.
CROISET, M. *et al.: Platón. Oeuvres Complètes,* París, Les Belles Lettres, 1920-1963.
DUKE, E. A. *et al.: Platonis Opera I (Tetralogias I-II continens),* Oxford, Clarendon Press, 1995.
FOWLER, H. N. *et al.: Plato in twelve volumes,* Cambridge (Mass.), Londres, Harvard University Press, 1914-1929.

Traducciones españolas

Véase págs. 25-27: Nota a las traducciones españolas de Platón.

Obras generales

CROMBIE, I. M.: *Análisis de las doctrinas de Platón,* trad. esp., Madrid, Alianza Editorial, 1979.
GARCÍA GUAL, C.: «Platón», en V. Camps (ed.), *Historia de la Ética,* vol. I, Barcelona, Crítica, 1987, 80-135.
GUTHRIE, W. K. C.: *Historia de la filosofía griega,* vol. V, trad. esp., Madrid, Gredos, 1994.
GUZMÁN GUERRA, A.: *Platón,* Madrid, Ediciones del Orto, 1996.

HARE, R. M.: *Platón,* trad. esp., Madrid, Alianza Editorial, 1991.
IRWIN, T.: *La ética de Platón,* trad. esp., México D. F., UNAM, 2000.
KERFERD, G.: *The Sophistic Movement,* Cambridge, University Press, 1981.
KRAUT, R. (ed.): *The Cambridge Companion to Plato,* Cambridge, University Press, 1992.
LLEDÓ, E.: *La memoria del Logos,* Madrid, Taurus, 1996.
MELLING, D. J.: *Introducción a Platón,* trad. esp., Madrid, Alianza Editorial, 1991.
REALE, G.: *Por una nueva interpretación de Platón,* trad. esp., Barcelona, Herder, 2003.
ROBINSON, R.: *Plato's Earlier Dialectic,* Ithaca-Nueva York, Cornell University Press, 1941.
ROSS, D.: *Teoría de las ideas de Platón,* trad. esp., Madrid, Cátedra, 1986.
RUTHERFORD, R. B.: *The Art of Plato: Ten Essays in Platonic Interpretation,* Cambridge (Mass.), Harvard University Press, 1995.
SZLEZÁK, R. S.: *Leer a Platón,* trad. esp., Madrid, Alianza Editorial, 1997.
VALLEJO CAMPOS, Á.: *Platón: el filósofo de Atenas,* Barcelona, Montesinos, 1996.
WHITE, N. P.: *Plato on Knowledge and Reality,* Indianápolis, Hackett, 1976.

Sobre la figura de Sócrates y la *Apología*

BENSON, H. H. (ed.): *Essays on the Philosophy of Socrates,* Oxford, Clarendon Press, 1992.
BRICKHOUSE, T. C. y SMITH, N. D.: *Socrates on Trial,* Oxford, Clarendon Press, 1989.
— *Plato's Socrates,* Oxford, University Press, 1994.
— *The Philosophy of Socrates,* Boulder (Col.), Westview Press, 2000.

— *The Trial and Execution of Socrates,* Oxford, University Press, 2002.
BURNYEAT, M.: «Socrates and the Jury: Paradoxes in Plato's Distinction between Knowledge and True Belief», *Proceedings of the Aristotelian Society Suppl,* vol. 54 (1980), 177-91.
CORNFORD, F.: *Sócrates y el pensamiento griego,* trad. esp., Madrid, Norte y Sur, 1964.
— *Antes y después de Sócrates,* trad. esp., Barcelona, Ariel, 1980.
FERNÁNDEZ-GALIANO, M.: *Platón. Defensa de Sócrates,* Madrid, Gredos, 1946.
GARCÍA GUAL, C.: «Los sofistas y Sócrates», en V. Camps (ed.), *Historia de la Ética,* vol. I, Barcelona, Crítica, 1987, 35-79.
GOTTLIEB, A.: *Socrates,* Londres, Weindenfeld & Nicholson, 1997.
HELM, P. (ed.): *Divine Commands and Morality,* Oxford, University Press, 1981.
JACKSON, B. D.: «The Prayers of Socrates», *Phronesis,* 16 (1971), 14-37.
MCPHERRAN, M. L.: *The Religion of Socrates,* University Park, Penn State Press, 1996.
PÉREZ DE LABORDA, M.: *El más sabio de los atenienses. Vida y muerte de Sócrates, maestro del filosofar,* Madrid, Ediciones Rialp, 2001.
SANTAS, G. X.: *Socrates: Philosophy in Plato's Early Dialogues,* Londres, Routledge 1979.
STOKES, M. C.: *Plato: Apology,* Warminster, Aris & Phillips, 1997.
TAYLOR, A. E.: *El pensamiento de Sócrates,* trad. esp., México D. F., FCE, 1961.
TOVAR, A.: *Vida de Sócrates,* Madrid, Alianza Editorial, 1999 (=1947).
VLASTOS, G. (ed.): *The Philosophy of Socrates: A Collection of Critical Essays,* Nueva York, Anchor, 1971.

Sobre *Menón*

ARONADIO, F.: *Procedure e verità in Platone: Menone, Cratilo, Repubblica*, Nápoles, Bibliopolis, 2002.

BEDU-ADDO, J. T.: «Recollection and the Argument "from a Hypothesis" in Plato's *Meno*», *Journal of Hellenic Studies*, 104 (1984), 1-14.

BENSON, H. H.: «Meno, the slave-boy and the elenchos», *Phronesis*, 35 (1990), 128-158.

BLUCK, R. S.: *Plato's Meno*, Cambridge, University Press, 1961.

BROWN, M. (ed.): *Plato's Meno*, Indianápolis, Bobbs-Merrill, 1971.

DAY, J. M. (ed.): *Plato's Meno in Focus*, Londres, Routledge, 1994.

DEVEREUX, D. T.: «Nature and Teaching in Plato's *Meno*», *Phronesis*, 23 (1978), 118-26.

DIMAS, P.: «True Belief in the *Meno*», *Oxford Studies in Ancient Philosophy*, 14 (1996), 1-32.

NEHAMAS, A.: «Meno's Paradox and Socrates as a Teacher», *Oxford Studies in Ancient Philosophy*, 3 (1985), 1-30.

SCOTT, D.: *Recollection and Experience*, Cambridge, University Press, 1995.

SHARPLES, R. W.: *Plato: Meno*, Warminster, Aris & Phillips, 1985.

VLASTOS, G.: «*Anamnesis* in the *Meno*», *Dialogue*, 4 (1965), 143-67.

WILKES, K. V.: «Conclusions in the *Meno*», *Archiv für Geschichte der Philosophie*, 61 (1979), 143-53.

Sobre *Crátilo*

ARONADIO, F.: «Il *Cratilo*, il linguagio e la sintassi dell'eidos», *Elenchos* 8 (1987), 329-362.

BARNEY, R.: *Names and Nature in Plato's Cratylus*, Londres-Nueva York, Routledge, 2001.

BAXTER, T.: *The* Cratylus*: Plato's Critique of Naming,* Leiden, Brill, 1992.
BESTOR, T. W.: «Plato's semantics and Plato's *Cratylus*», *Phronesis,* 25 (1980), 306-330.
CALVERT, B.: «Forms and flux in the *Cratylus*», *Phronesis,* 15 (1970), 26-47.
CANTO, M.: «Le *semeîon* dans le *Cratyle*», *Revue de Philosophie Ancienne,* 5 (1987), 9-25.
FINE, G.: «Plato on Naming», *Philosophical Quarterly,* 27 (1977), 289-301.
KELLER, S.: «An Interpretation of Plato's *Cratylus*», *Phronesis,* 45 (2000), 284-305.
KETCHUM, R.: «Names, forms and conventionalism: *Cratylus,* 383–395», *Phronesis,* 24 (1979), 133–147.
KRETZMANN, N.: «Plato on the correctness of names», *American Philosophical Quarterly,* 8 (1971), 126-138.
LEVIN, S. B.: «What's in a Name?», *Ancient Philosophy,* 15 (1995), 91-115.
REEVES, C. D. C.: *Introduction to Plato: Cratylus,* Indianápolis, Hackett, 1998.
RUMSEY, W.: «Plato in the *Cratylus* on speaking, language, and learning», *History of Philosophy Quarterly,* 4 (1987), 385-403.
SILVERMAN, A.: «Plato's *Cratylus:* The naming of nature and the nature of naming», *Oxford Studies in Ancient Philosophy,* 10 (1992), 25-71.
— «The End of the *Cratylus:* limning the World», *Oxford Studies in Ancient Philosophy,* 21 (2001), 25-43.
SPELLMAN, L.: «Naming and knowing: The *Cratylus* on Images», *History of Philosophy Quarterly,* 10 (1993), 197-210.
WHITE, F. C.: «On Essences in the *Cratylus*», *The Southern Journal of Phylosophy,* 16 (1978), 259-274.

Apología de Sócrates

Desconozco, atenienses, el efecto que habrá producido en vosotros la intervención de mis acusadores. Lo que es yo, he estado a punto de perder la noción de mí mismo, tan elocuente era la forma en que se expresaban. Y eso que, digámoslo así, no han pronunciado ni una sola palabra verdadera. Pero de las muchas mentiras que han dicho me ha sorprendido especialmente una, la de que, a tenor de lo hábil que soy a la hora de hablar, debéis estar pendientes de no dejaros engañar por mí. En efecto, que no sientan pudor de que, enseguida, en cuanto evidencie que en absoluto soy hábil hablando en público, les vaya a desdecir con hechos sus palabras, es lo que me ha parecido más impúdico por su parte, a no ser que llamen hábil orador a quien dice la verdad. Si se refieren a eso, entonces coincido en que soy un orador, pero no a su modo. Como digo, éstos poco o nada han dicho de cierto, mientras que de mí vais a oír toda la verdad. Y por

17a

b

Zeus, atenienses, que desde luego no vais a oír bellos razonamientos, como los suyos, aderezados de expresiones y conceptos, sino dichos al azar, según me vengan las palabras, ya que creo firmemente en que es justo lo que digo; que ninguno de vosotros se espere otra cosa. No estaría bien, ciudadanos, que a mis años me presentara ante vosotros modelando mis discursos como un jovencito. Es más, atenienses, os ruego y os solicito encarecidamente que si a lo largo de mi defensa escucháis de mí las mismas expresiones que acostumbro a emplear tanto en el ágora, en las mesas de cambios, donde muchos me habéis oído, como en cualquier otro sitio, no os sorprendáis ni os alborotéis por ello. La situación es la siguiente: es la primera vez que me presento ante un tribunal, y ya tengo setenta años; por lo tanto, soy ajeno, sin más, a la jerga que aquí se emplea. Y del mismo modo que, si en realidad fuese extranjero, de seguro me perdonaríais que hablara con el acento y los giros con que me hubiera criado, también os ruego ahora algo que en mi opinión es justo: que independientemente de que mi forma de expresarme sea más o menos afortunada, prestéis atención y os fijéis en si las cosas que digo son justas o no, pues ahí reside la virtud de un juez, la de un orador, en decir la verdad.

Por lo tanto, atenienses, es de justicia que en primer lugar me defienda de las viejas y falsas acusaciones y de mis viejos acusadores, y luego de las más recientes y mis más recientes acusadores. En efecto, desde hace tiempo, hace ya bastantes años, muchos son los que, sin decir ni una sola verdad, han venido vertiendo acusaciones contra mí ante vosotros, y les temo más a ellos que a los del círculo de Ánito[1], feroces como son también éstos. Pero aquéllos son aún peores, atenienses, pues, tomándoos a su cargo a muchos de vosotros desde pequeños, lanzaban acusaciones en nada ciertas contra mí y os convencían de que existía un tal Sócrates, un sabio, afanado en estudiar tanto los fenómenos celestes como lo que se esconde bajo tierra y capaz de convertir el argumento peor en mejor. Éstos, ciudadanos de Atenas, los que han extendido esta fama, son mis fieros acusadores, pues cuantos les escuchan quedan convencidos de que los que se ocupan de esas investigaciones no creen en los dioses. Son numerosos los acusadores que durante mucho tiempo me han venido imputando tales acciones, refiriéndooslas en esa edad en que, por ser algunos de vosotros todavía niños y muchachos, sois fáciles de persuadir; dedicándose sin más a acusar a una persona ausente a la que nadie habría de defender. Pero lo más desconcertante de todo es que no se pueda conocer ni citar sus nombres, salvo el de cierto autor de comedias[2]. Así, cuantos

c

d

---

1. Ánito es el principal promotor de la acusación de Sócrates. Partidario de la causa democrática, fue estratego del ejército ateniense y contribuyó activamente en la expulsión de los Treinta Tiranos. Según el retrato que Platón nos hace de él en el diálogo *Menón* (cfr. 89e6-92c5), se trataba de un implacable oponente de los sofistas, entre los cuales situaba a Sócrates. Junto a los motivos políticos o ideológicos que pudieron alimentar la animadversión de Ánito hacia Sócrates, podrían encontrarse también unas razones personales, toda vez que culpaba a Sócrates de que sus enseñanzas habían malogrado a su hijo (cfr. Jenofonte, *Apología de Sócrates ante los jueces*, 29-31).
2. Se refiere a Aristófanes, quien en su comedia *Las Nubes* había trazado una caricatura de Sócrates en la que aparecía distorsionadamente retratado bajo las trazas de un sofista, en cuyo «pensadero» enseñaba a sus alumnos a sacar adelante causas injustas a través de la habilidad

sirviéndose de la envidia y la maledicencia os han convencido –gente que, persuadidos ellos mismos, ha acabado persuadiendo a otros–, son mi principal problema, dado que no es posible hacer que comparezcan aquí para desdecirles, sino que me veo obligado a defenderme como si me enfrentara contra unas sombras, rebatiendo a interlocutores inexistentes. Por consiguiente, juzgad vosotros si, como os digo, no tengo dos tipos de enemigos: los que me acaban de acusar recientemente y los que os digo que me atacan desde antiguo. Pensad que es preciso que me defienda primero de éstos, pues se trata de los que en primer lugar escuchasteis verter acusaciones contra mí, y mucho más graves que las de los que vinieron después.

e

19*a*
Sea, ciudadanos atenienses: ha llegado la hora de defenderme y de emplearme en desmontar en muy breve tiempo los infundios que habéis albergado durante tanto tiempo. Me gustaría, pues, que esto fuera así, si es la mejor solución tanto para vosotros como para mí, y que consiguiera algo con mi defensa; pero se trata de una situación delicada y eso no se me escapa en absoluto. Pero que todo se desarrolle como a la deidad le sea más grato, a mí me toca obedecer la ley y afrontar mi defensa.

Retomemos, pues, desde el principio cuál es la acusación de la que parte la difamación sobre mi persona y

---

dialéctica, convirtiendo en argumento «mejor» el argumento «peor» (cfr. *Las Nubes* 112-118). Asimismo, en el interior del «pensadero» se podía contemplar a los alumnos observando tanto los fenómenos celestes como los del subsuelo (cfr. *Las Nubes* 187-194). Son precisamente estas dos actividades aquellas en las que, como veremos a continuación, se cifra la acusación que se vierte contra Sócrates. Además de Aristófanes, fueron también otros los autores de comedia que le pusieron en escena, como Eúpolis o Amipsias.

por la que Meleto[3], dándole crédito, ha iniciado este *b*
proceso. Veamos, ¿qué alegan exactamente mis calumniadores? Ante todo, es preciso dar lectura del texto como cuando se trata de una acusación formal formulada por acusadores legales[4]: «Sócrates incurre en delito y traspasa los límites al investigar tanto las cosas del subsuelo como las celestes y al convertir en mejores los argumentos peores y enseñar estas mismas cosas a los demás». En esencia, ésta es la acusación. Vosotros mismos *c*
lo habéis visto en esa comedia de Aristófanes[5]: un Sócrates que se pasea de un lado a otro diciendo que camina por el aire y soltando muchos otros disparates, de los que yo no entiendo ni mucho ni poco. Y lo digo sin intención de menospreciar esta ciencia, si es que hay alguien experto en tales cuestiones, no vaya a ser que Meleto me denuncie también por ello. Lo cierto es, atenienses, que yo nada tengo que ver con ese asunto. *d*
Pongo por testigo a la mayoría de los presentes y considero oportuno que, cuantos de vosotros me hayáis oído conversar alguna vez –la mayoría cumplís esa condición–, comuniquéis y refiráis los unos a los otros si

---

3. Meleto es el principal acusador de Sócrates, por más que, en realidad, no fuera sino un hombre de paja que pudo haber sido convencido o sobornado por Ánito para que llevara a cabo la acusación. Las noticias acerca de él son prácticamente inexistentes; podría tratarse tal vez de un poeta de escaso renombre (cfr. Platón, *Eutifrón* 2b-c) o de un autor de tragedias (cfr. Aristófanes, *Ranas* 1302).
4. Esto es, Sócrates da forma de acusación formal a las acusaciones que han venido siendo vertidas contra él por sus viejos acusadores. La acusación debía presentarse por escrito al arconte rey, el magistrado encargado de los casos de impiedad y delitos de sangre.
5. Cfr. nota 2.

alguna vez me habéis oído conversar ni mucho ni poco acerca de tales cuestiones. Referíoslo, y de ahí deduciréis que éstas y otras por el estilo son el tipo de cosas que la mayoría dice de mí.

e Nada de eso es cierto, y si oís que me dedico a enseñar a la gente y que cobro dinero, tampoco eso es verdad. Pero que conste que me parece bien que haya alguien capaz de enseñar a la gente, como Gorgias de Leontinos, Pródico de Ceos o Hipias de Élide, puesto que cada uno de ellos, atenienses, yendo de ciudad en ciudad, convence a los jóvenes –que bien podrían recibir sin gasto alguno lecciones de quien quisieran de entre sus paisanos–

20*a* para que abandonen la compañía de aquéllos y les frecuenten a ellos pagándoles dinero y rindiéndoles gratitud[6]. Hay aún otro sabio, un ciudadano de Paros, del que he sabido que se ha instalado aquí porque vine a toparme con el hombre que se ha gastado en sofistas más

---

6. Se trata de los tres máximos representantes de la sofística si descontamos a Protágoras, que aquí no aparece citado y que, al contrario que los otros tres, ya había muerto en la fecha de celebración del juicio. Gorgias, llegado a Atenas en el año 427 a. C. en calidad de embajador, convenció a los atenienses de que apoyaran a su ciudad contra Siracusa. Se dedicó a enseñar, fundamentalmente retórica, en Atenas y en Tesalia. Sobre su persona levanta Platón su diálogo *Gorgias,* que constituye un despiadado ataque contra la sofística. Pródico, como nos lo representa Platón en *Crátilo* 384b, es un experto en el lenguaje, y en *Menón* 96d Sócrates lo reconoce como maestro suyo. En cuanto a Hipias, se trataría de un hombre versado en muchas y diversas materias, como geometría, música, gramática, poesía, etc. Dos son los diálogos platónicos que llevan el nombre de este sofista: el *Hipias mayor,* de autenticidad discutida y que trata acerca de la belleza, e *Hipias menor,* en el que se dirime quién de los dos es el mejor de los hombres, Aquiles o Ulises.

dinero que todos los demás juntos, Calias[7], el hijo de Hipónico. Como tiene dos hijos, le pregunté lo siguiente: «Calias –le dije–, si tus hijos fueran dos potros o dos becerros, tendríamos que procurarles un adiestrador y pagarle para que les hiciera provechosos en lo tocante a las cualidades que corresponden a su naturaleza, y sería o un domador de caballos o un agricultor. Ahora bien, como se trata de personas, ¿a quién piensas procurarles como instructor? ¿Hay alguien entendido en lo tocante a las virtudes cívicas y humanas? Opino que, teniendo dos hijos, has meditado sobre ello. ¿Hay alguien así –le dije–, o no?». «Claro que sí», contestó. «¿Quién es y de dónde? ¿Por cuánto enseña?», le dije. «Se trata de Eveno[8], Sócrates, es de Paros, y cobra cinco minas», respondió. Dichoso Eveno si de verdad posee esa facultad y enseña tan provechosamente. Cómo presumiría y cómo me jactaría si dominase estas cuestiones; pero el caso, atenienses, es que no las domino.

Tal vez alguno de vosotros me podría objetar lo siguiente: «Pero Sócrates, ¿cuál es tu problema? ¿De dónde proceden estas calumnias contra ti? Ya que, de no llevar a cabo prácticas más singulares que las del resto, en absoluto habría surgido esta fama y esta leyenda en torno a ti, si no practicaras cosas ajenas a lo que hace la mayoría. Cuéntanos tú, pues, qué sucede, para que no nos

---

7. La riqueza de Calias es proverbial. Su casa es el escenario de la reunión de sofistas que leemos en el *Protágoras*. Es hermano de Hermógenes, interlocutor de Sócrates en el *Crátilo*.
8. Poeta y sofista. Otros diálogos platónicos en los que aparece mencionado son *Fedón* y *Fedro*. Una tradición tardía sostiene que enseñó poesía a Sócrates.

d llamemos a engaño respecto a ti». Me parece lícito que alguien haga esa observación, pero yo intentaré explicaros qué es lo que me ha procurado esta fama y este infundio. Atended. Quizá alguno de vosotros se piense que estoy de broma, pero sabed bien que lo que os voy a contar es la entera verdad. En efecto, atenienses, el renombre que he adquirido me ha venido dado por cuenta de cierta sabiduría, no por otra cosa. ¿Que de qué sabiduría se trata? Quizá, precisamente, de la que concierne al hombre, y de la que, en verdad, mucho me temo que yo sea conocedor. Mientras que los que acabo de mencio-
e nar serían maestros de un saber aún más importante que el que concierne al hombre y al que ignoro qué nombre dar, pero que ciertamente yo no domino. Y quien afirme lo contrario, miente y abunda en mi infamia. No os alborotéis, atenienses, si os he parecido hablar con altanería, pues no son mías las palabras que me dispongo a deciros, antes bien me remitiré a quien las dijo, alguien de gran ascendente entre vosotros. En efecto, de si poseo sabiduría alguna y de qué clase, os pongo por testigo al
21*a* dios de Delfos[9]. Sabréis quién es Querefonte[10]. Desde joven fue amigo mío y amigo también de vuestro partido

---

9. Apolo, el dios oracular por excelencia, a cuyo santuario de Delfos acudían los peregrinos a consultar el oráculo. Las respuestas del dios eran transmitidas por la Pitia mediante frases inconexas que, a su vez, eran interpretadas por los sacerdotes. En los muros del templo se podían leer inscripciones como las famosas «Conócete a ti mismo» o «Nada en demasía».
10. Querefonte aparece retratado como discípulo de Sócrates en el *Gorgias*. Aparece caricaturizado como ladronzuelo en diversas comedias de Aristófanes, como *Las Avispas* y *Las Aves*. En *Las Nubes* aparece junto con Sócrates al frente del «pensadero».

democrático, marchó al exilio y con vosotros regresó. Y sin duda conocíais su carácter, lo impulsivo que era para todo cuanto acometía. Pues bien, en una ocasión que fue a Delfos se atrevió a preguntar lo siguiente al oráculo –y, como os digo, no os alborotéis, ciudadanos–: le preguntó si había alguien más sabio que yo, a lo que la Pitia contestó que nadie había más sabio que yo. De esto os podrá dar fe su propio hermano aquí presente, puesto que él está muerto.

Pensad por qué os cuento esto. Mi intención es mostraros de dónde surge la calumnia contra mi persona. Cuando oí aquello, pensé para mis adentros: «¿Qué pretende decir el dios? ¿Qué enigma está proponiendo? Pues, por mi parte, yo soy consciente de no ser sabio, ni mucho ni poco. Luego, ¿a qué se refiere cuando dice que soy el más sabio? Porque a él no le está dado mentir en absoluto». Y durante mucho tiempo me cuestioné, perplejo, el sentido de sus palabras. Después, muy a mi pesar, me di a la búsqueda de una respuesta. Acudí al encuentro de uno de los que supuestamente son sabios en la idea de que allí refutaría su vaticinio y le declararía al oráculo: «He aquí a alguien más sabio que yo, mientras que tú afirmabas que era yo». Así, tras examinar a fondo a este individuo –no veo preciso dar el nombre, atenienses, pero se trataba de un hombre público este con quien estuve indagando y conversando–, probé esta impresión: me pareció que este hombre pasaba por sabio ante muchas otras personas y sobre todo ante sí mismo, pero no lo era. De modo que intenté demostrarle que, aunque creyese serlo, no lo era. De ahí que se enemistara conmigo, como muchos de los allí presentes. Según me marchaba, pensaba para mis adentros que yo era más sabio que aquella persona. Lo más probable es que ninguno de los dos sepamos nada digno de mención, pero, mientras que él se piensa que sí sabe, cuando no sabe, yo, como no sé, no lo pienso. Parece, pues, que, aunque sólo sea por este matiz, soy más sabio que él, porque no creo saber lo que no sé. En consecuencia, acudí a otra persona que supuestamente era más sabio que aquél, y recibí la misma impresión, de ahí que también éste y otros muchos se enemistaran conmigo.

Tras lo ocurrido, continué frecuentando sucesivamente a otras personas, percibiendo con cierta amargura y aprensión que me iba granjeando enemigos. Sin embargo, juzgaba ineludible conceder la mayor importancia a lo que al dios respectaba. De modo que, para averiguar el sentido del oráculo, debía acudir ante todos los que eran tenidos por sabios. Y, ¡por el perro![11], atenienses –preciso es que os diga la verdad–, que esto es lo que me ocurrió: en mis pesquisas relacionadas con el dios, me pareció que aquellos que gozaban de mejor reputación eran en su mayoría los menos capaces, mientras que otros que pasaban por más ineptos resultaban estar más dotados en lo que a sentido común se refiere. Es inexcusable que os describa mi peregrinaje, las fatigas que he padecido para acabar comprobando que las palabras del oráculo eran irrefutables. En efecto, tras los políticos,

---

11. Eufemismo coloquial mediante el que se evita jurar por los dioses, en concreto, por Zeus, si se acepta que *kýna* («perro») viene a sustituir a *Zêna* («Zeus»). Por otra parte, en *Gorgias* 482b, por ejemplo, añade a su juramento la coletilla «dios de los egipcios», en clara referencia a Anubis.

acudí a los poetas, tanto autores de tragedia o de ditirambos como al resto, pensando que ahí me sorprendería a mí mismo en franca inferioridad intelectual respecto a ellos. Así, escogiendo las obras que juzgaba mejor elaboradas, les preguntaba cuál era su sentido con el objeto de extraer de ellas alguna enseñanza. Ciudadanos, me avergüenza deciros la verdad, pero hay que decirla: casi todos los presentes, por así decirlo, razonaban más acertadamente sobre ellas que sus propios autores. Al instante comprendí una cosa sobre los poetas, que lo que componían no lo componían por mor de su ciencia, sino por una suerte de don natural y bajo inspiración divina, como los adivinos o los profetas oraculares, pues también éstos dicen muchas y hermosas palabras sin comprender nada de lo que dicen. Algo así es lo que me pareció que les ocurría a los poetas, y al mismo tiempo percibí que, en virtud de su poesía, se creían los más sabios incluso en el resto de las materias en que no lo eran. Y me marché de allí pensando que les aventajaba en el mismo sentido que a los políticos.

Finalmente, acudí a los artesanos, consciente de que en ese terreno, por así decirlo, no tenía noción alguna, pero a sabiendas de que encontraría gente poseedora de muchos y provechosos conocimientos. Y en eso no me engañaba, pues conocían cosas que yo no conocía, siendo más sabios que yo en ese aspecto. Sin embargo, atenienses, me dio la impresión de que los buenos artesanos participaban del mismo error que los poetas, ya que por el mero hecho de desempeñar su oficio con maestría, cada cual se consideraba muy sabio también para las demás cuestiones, incluso las más elevadas; y este desatino *e*   suyo ensombrecía su sabiduría. De modo que, en nombre del oráculo, acabé preguntándome a mí mismo si preferiría ser tal y como soy –ni sabio en su forma de sabiduría, ni ignorante en su ignorancia– o ser, como les ocurre a ellos, ambas cosas. Y lo que me respondí a mí mismo y al oráculo fue que me sería más ventajoso quedarme como estaba.

23*a*   A resultas de mis indagaciones, atenienses, me fui granjeando muchas enemistades, obstinadas y profundas, que provocaron calumnias y que recibiera fama de sabio, puesto que, a cada ocasión, los presentes se pensaban que yo era experto en aquello que le refutaba a otra persona. Pero me temo, ciudadanos, que el único verdaderamente sabio es el dios y que lo que con su oráculo viene a decir es que la sabiduría propia del hombre es digna de poco o de nada. Es más, parece como si al referirse a Sócrates y servirse de mi nombre poniéndome
b   como ejemplo, quisiera decir: «Ése, mortales, es el más sabio de vosotros, quien, como Sócrates, haya comprendido que en verdad no es digno de nada en lo que toca a sabiduría». Por eso, aún hoy, ando indagando e interrogando, en lo concerniente al dios, a cualquiera, ciudadano o extranjero, que yo considere sabio, y en cuanto deja de parecérmelo, saliendo en defensa del dios, le demuestro que no lo es. Debido a esta ocupación no cuento con un momento para dedicarme a nada de provecho ni en la esfera pública ni en la privada, sino que me encuentro en
c   una gran penuria por causa de mi dedicación al dios.

Pero además de esto, los jóvenes que me siguen por voluntad propia –los que cuentan con más tiempo de ocio, los hijos de los más pudientes– se complacen en escuchar a la gente que someto a examen, y ellos mismos me imitan a menudo e intentan examinar a otros, encontrándose, supongo, con una inmensa cantidad de personas que creen saber algo, cuando en realidad saben poco o nada. De ahí que, examinados por ellos, se enfadan conmigo, en lugar de con ellos mismos, y van diciendo que ese tal Sócrates es un indeseable y que corrompe a *d* los jóvenes. Así, cuando alguien les pregunta que qué hace y qué enseña, no pueden decir nada porque lo ignoran, y, para no mostrarse apurados, recurren a los tópicos más a mano acerca de los que se dedican a filosofar: lo de «los cuerpos celestes y el subsuelo», lo de «no creer en los dioses», lo de «convertir en mejor el argumento peor». Creo, en efecto, que no se rebajarían a decir la verdad, esto es, que manifiestan claramente que fingen saber algo cuando no saben nada. Y me imagino que, *e* susceptibles, viscerales y tantos como son, os habrán estado llenando los oídos desde antiguo con vehementes y persuasivos comentarios sobre mí y con feroces calumnias. Es a resultas de esto por lo que Ánito, con el apoyo de Meleto y Licón, ha presentado sus cargos contra mí; Meleto indignado a cuenta de los poetas, Ánito de los artesanos y los políticos, y Licón de los oradores. De modo que, como empecé diciendo, me sorprendería si fuera *24a* capaz de arrancar de vosotros en tan breve espacio de tiempo una calumnia tan arraigada. He ahí la verdad, atenienses; os la cuento sin esconderos ni escatimaros nada, ni mucho ni poco. Y sé, casi con certeza, que con estas palabras me gano enemigos, lo que constituye la prueba tanto de que digo la verdad como que en esto estriba mi mala reputación y ésta es su causa. Si inda-

b gáis en ello, ya sea ahora o en otra ocasión, hallaréis que es así.

Por lo que respecta a las acusaciones lanzadas por mis viejos acusadores, baste ante vosotros esta defensa. De Meleto, hombre probo y modelo de ciudadano, según sus propias palabras, y de mis acusadores recientes intentaré defenderme ahora. Tomemos, pues, una vez más, y dado que se trata de un grupo distinto de acusadores, el texto de la acusación. Dice así: «Sócrates es culpable *c* de corromper a los jóvenes y de no creer en los dioses en los que la ciudad cree, sino en otras nuevas divinidades». Tales son los cargos. Examinémoslos punto por punto.

Afirma Meleto que soy culpable de corromper a los jóvenes, pero yo le contesto, atenienses, que es él quien comete delito al tomarse a broma los asuntos serios, trayendo a la gente ante el tribunal a la ligera, fingiendo preocupación y solicitud por cuestiones que jamás le han preocupado. Que eso es así es lo que intentaré demostraros.

d —Acércate, Meleto, y dime: ¿acaso no concedes la mayor importancia a que los jóvenes sean lo mejor posible?

—Desde luego.

—Ve, pues, y di a los presentes quién los hace mejores. Está claro que lo sabes, dado que tanto te preocupa. Porque al que los corrompe, que soy yo, según dices, ya lo has encontrado y le traes en presencia de los jueces y le acusas. Pero al que los hace mejores... Adelante, di, declara a los jueces de quién se trata. ¿Ves, Meleto, cómo callas y no sabes qué decir? ¿No te resulta vergonzoso y prueba suficiente de mi afirmación de que este asunto no te preocupa nada? Di, mi buen Meleto, ¿quién los hace mejores?

—Las leyes.

—Pero no te he preguntado eso, queridísimo Meleto, sino quién es el hombre que ante todo precisamente conoce las leyes.

—Los aquí presentes, Sócrates, los jueces.

—¿Cómo dices, Meleto? ¿Que son éstos los que educan a los jóvenes y los hacen mejores?

—Exactamente.

—¿Todos y cada uno, o unos sí y otros no?

—Todos.

—¡Por Hera que dices bien! ¡Menuda cantidad de bienhechores! ¿Entonces qué? ¿Los que nos escuchan también los hacen mejores, o no?

—También éstos.

—¿Y los miembros del Consejo?[12]

—También los miembros del Consejo.

—Pero, entonces, Meleto, ¿acaso los que acuden a la Asamblea, los asambleístas, corrompen a los jóvenes? ¿O es que también todos ellos los hacen mejores?

—También ellos.

—Entonces, según parece, todos los atenienses, salvo yo, hacen de ellos personas de provecho; yo soy el único que los corrompe. ¿Es eso lo que dices?

—Lo afirmo con toda rotundidad.

—Me procuras una gran desdicha, ciertamente. Pero respóndeme a esto: ¿también en el caso de los caballos te

---

12. El Consejo estaba compuesto de quinientos ciudadanos elegidos por sorteo, cincuenta por cada una de las diez divisiones administrativas en las que se estructuraba la polis. Sus competencias incluían las finanzas de la ciudad, los edificios públicos y el equipamiento del ejército.

da esa misma impresión? ¿Cualquier persona los puede hacer mejores, pero sólo hay una que los eche a perder? ¿O, por el contrario, solamente uno, o muy pocos, los domadores de caballos, son capaces de hacerlos mejores, mientras que el común de la gente, cuando está con ellos y los emplea, los echa a perder? ¿No es eso lo que pasa en lo que respecta a los caballos y al resto de los animales? Totalmente, lo admitáis o no lo admitáis tú y Ánito. ¡Cuánta felicidad para la juventud si solamente hubiera uno que los corrompiera y todos los demás les beneficiaran! Así es, Meleto, has demostrado suficientemente que jamás te has interesado por los jóvenes, has evidenciado a las claras tanto tu desinterés como que en absoluto te preocupa aquello por lo que me has traído ante el tribunal.

c

¡Por Zeus!, Meleto, dinos aun qué es mejor, ¿vivir entre ciudadanos honrados o entre malhechores? Contesta, amigo. No te he preguntado nada difícil. ¿Acaso no causan los malhechores siempre algún mal a los que tienen más a mano, mientras que los honrados les proporcionan bien?

—Sin duda.

d

—¿Y hay alguien que prefiera recibir un daño por parte de sus vecinos antes que un beneficio? Contesta, mi buen Meleto, pues la ley te obliga a responder. ¿Hay alguien que quiera sufrir un daño?

—Por supuesto que no.

—Bien... Entonces, ¿me has traído aquí porque corrompo a los jóvenes y los convierto en malhechores conscientemente o porque lo hago inconscientemente?

—Sostengo que conscientemente.

—¿En qué quedamos, Meleto? ¿Siendo tú tan joven y yo tan viejo, eres más sabio que yo y, por tanto, tú sí sabes que las malas personas causan males principalmente a los que tienen más a mano y que los buenos les procuran el bien, mientras que yo soy tan estúpido que no me doy cuenta de que si convierto a un allegado mío en un malvado, me arriesgo a que me haga algo malo y que, en consecuencia, ese mal me lo esté procurando yo mismo, según dices? A mí no me convences de esto, Meleto, y pienso que a los demás tampoco. O no los corrompo, o los corrompo sin darme cuenta; en cualquiera de los dos casos mientes. Pero si los corrompo sin darme cuenta, la ley no obliga a nadie a acudir aquí por este tipo de falta [involuntaria], sino que tiene previsto tomarle en privado para reprenderle e instruirle. Porque está claro que, si se me instruye, dejaré de hacer lo que hago sin darme cuenta. Pero tú te has cuidado, bien cuidado, de tratar conmigo e instruirme, y me has conducido aquí, donde la ley estipula traer al que precisa de castigo, no de instrucción.

Sea como sea, atenienses, ha quedado patente lo que decía, que Meleto jamás se ha preocupado de estos asuntos ni mucho ni poco. Sin embargo, Meleto, cuéntanos, ¿cómo dices que corrompo a los jóvenes? Queda claro, según la acusación que has formulado, que enseñándoles a no creer en los dioses en los que la ciudad cree, sino en otras nuevas divinidades. ¿Dices entonces que corrompo con mis enseñanzas?

—Lo afirmo con toda rotundidad.

—Entonces, Meleto, en nombre de los dioses sobre los que debatimos, explícanoslo con mayor claridad si cabe a mí y a estos señores. No alcanzo a entender si lo que dices es que yo enseño a creer en la existencia de dioses —con lo que yo mismo creo que existen y, por tanto, ni soy en modo alguno impío ni incurro en tal delito—, pero que, al no ser los de la ciudad sino otros, por este motivo, por tratarse de otros, me acusas, o si lo que afirmas es que no creo en absoluto en los dioses y voy enseñando eso a los demás.

—Eso es lo que digo, que en absoluto crees en los dioses.

—¡Cuán singular eres, Meleto! ¿Con qué fin dices eso? ¿Acaso no creo, como los demás, que el sol y la luna son dioses?

—¡Por Zeus, señores jueces! ¿Pues no afirma que el sol es una piedra y la luna tierra?

—¿Te crees que estás acusando a Anaxágoras, querido Meleto?[13] ¿Tienes en tan baja estima a esta gente como para pensar que son tan incultos que ignoran que los libros de Anaxágoras de Clazómenas están repletos de estas ideas? ¿Es en concreto de mí de quien los jóvenes aprenden lo que normalmente pueden adquirir en un puesto del mercado por un dracma a lo sumo, y, en consecuencia, reírse de Sócrates si hace pasar por suyas estas ideas con lo extravagantes que son? ¿Es ésta, por Zeus, la opinión que tienes de mí, que no creo que exista ningún dios?

—Por Zeus que ninguno en absoluto.

---

13. Anaxágoras, nacido en Clazómenas hacia el 500 a. C., se instaló en Atenas, donde permaneció por espacio de más de treinta años, hasta que hubo de abandonar la ciudad bajo la acusación de impiedad. Anaxágoras sostenía que el sol era una masa incandescente del tamaño del Peloponeso y que la luna estaba llena de montes y barrancos en nada distintos a los de la tierra.

—Me da la sensación, Meleto, que respecto a este particular no eres digno de crédito ni para ti mismo. Desde luego, atenienses, lo que a mí me parece es que este hombre es un insolente y un intemperante, y que ha redactado esta acusación movido simplemente por la insolencia y la intemperancia propias de su juventud. Parece como si quisiera ponerme a prueba mediante un acertijo: «¿Se dará cuenta el sabio de Sócrates de que estoy jugando con él y de que me contradigo, o le engañaré a él y al resto del auditorio?». Porque para mí está claro que se contradice cuando, en la acusación, afirma: «Sócrates es culpable de no creer en los dioses pero creer en los dioses». Ciertamente, esto es propio de alguien que se está tomando a broma el asunto.

27a

Examinad conmigo, ciudadanos, por qué me parece a mí que dice esto. Pero tú, Meleto, respóndenos, y vosotros recordad lo que os solicité al principio, que no os alborotéis si me expreso de la manera que acostumbro.

b

—¿Existe alguien, Meleto, que reconozca la existencia de cuestiones humanas, pero no la de los humanos? ¡Que conteste, ciudadanos, y que deje de protestar una y otra vez! ¿Existe alguien que no crea en los caballos pero sí en cuestiones equinas? ¿O que no crea en los flautistas pero sí en cuestiones con ellos relacionadas? No existe, excelentísimo Meleto. Si no te apetece contestar, te lo digo yo, a ti y a los aquí presentes. Pero al menos contéstame a esto: ¿existe alguien que reconozca la existencia de cuestiones demónicas, pero no la de los démones?[14]

c

---

14. Entidades sobrenaturales que ocupan un puesto intermedio entre los dioses y los hombres y que vienen a ser una suerte de mediadores entre unos y otros.

—No existe.

—¡Cuánto bien me haces al responderme, aunque sea a regañadientes e instado por los aquí presentes! Entonces, afirmas que creo en lo relativo a los démones, ya sean nuevos o antiguos, y que enseño acerca de ello. En todo caso, y según tu razonamiento, creo en lo relativo a los démones y eso es lo que has jurado en tu declaración. Ahora bien, si creo en lo tocante a los démones, muy necesariamente habré de creer en la existencia de démones, ¿no es así? Sí es así, y como no contestas, doy por sentado que estás de acuerdo conmigo. ¿Y no consideramos a estas divinidades dioses o hijos de dioses? ¿Sí o no?

—Así es.

—Luego si, como tú dices, yo creo en los démones, y los démones son una suerte de dioses, sería a eso a lo que me refería al decir que estabas jugando a las adivinanzas cuando declarabas que no creo en los dioses para, a continuación, decir que sí creo en ellos en tanto que creo en las divinidades. Por otra parte, si los démones son una suerte de hijos naturales de los dioses nacidos de las ninfas o de otras criaturas de las que se habla, ¿qué hombre reconocería la existencia de los hijos de los dioses pero no de los dioses? Sería igual de absurdo que si reconociendo la existencia de las crías de los caballos y los burros, las mulas, no se reconociera la existencia de los caballos y los burros. No es posible, Meleto, que hayas redactado el texto de esta acusación si no era con la intención de ponernos a prueba o porque carecías de un verdadero delito por el que inculparme. Resulta del todo inconcebible que llegues a convencer a nadie, por corto de entendederas que sea, de que hay alguien que, creyendo en la existencia de acciones propias de los démones y propias de los dioses, no crea ni en démones ni en dioses ni en héroes.

En fin, atenienses, no veo necesario alargar mi defensa para demostrar que no soy culpable de lo que me acusa Meleto; con lo dicho hasta aquí basta. Y en cuanto a lo que os refería anteriormente, que me he granjeado una gran enemistad por parte de muchos, sabed bien que es verdad. Y es esto lo que me perderá, si es que me pierde, no Meleto ni Ánito, sino la malevolencia y la envidia de la mayoría, aquello que precisamente condenó y seguirá condenando a tantos otros hombres de bien. No sería en absoluto de extrañar que no se detuviese conmigo.

Tal vez alguien podría decir: «¿No te avergüenzas, Sócrates, de haberte entregado a una ocupación por la que corres el riesgo de morir en breve?». A lo que yo le repondría un justo razonamiento: «Te equivocas, amigo, si piensas que un hombre que esté en disposición de ser de alguna ayuda, por pequeña que sea, deba considerar el riesgo de vivir o de morir, en lugar de fijarse únicamente, a la hora de actuar, en si lleva a cabo obras justas o injustas y si sus actos son los de un hombre honrado o los de un hombre mezquino. Porque según tu razonamiento, no serían dignos de mención los héroes que perecieron en Troya, y en particular el hijo de Tetis[15], quien, ansioso

---

15. Aquiles, hijo de la diosa marina Tetis y del humano Peleo. El más grande de los guerreros que acudió a Troya, donde dejó la vida. Aquiles había preferido una vida corta pero gloriosa a una duradera y anónima.

por matar a Héctor y no sufrir deshonor, en tan gran medida desdeñó el peligro cuando su madre, diosa como era, le dijo, según tengo entendido, más o menos esto: "Hijo, si en venganza de la muerte de tu compañero Patroclo matas a Héctor, tú también morirás, *pues al punto tras el de Héctor tu hado está fijado*"[16]. Pero él, una vez que lo hubo escuchado, tuvo en menor aprecio la muerte y el peligro que el temor de seguir con vida siendo un cobarde y no vengar a sus queridos amigos, por lo que respondió: "*¡Que caiga muerto ahora mismo,* tras de haber hecho pagar al culpable, para no permanecer aquí, objeto de oprobio, *junto a las cóncavas naves, fardo inútil de la tierra!*"[17]. ¿Crees que a él le preocupaban la muerte y el peligro?».

d

En efecto, atenienses, en verdad esto es así: dondequiera que uno tome posición porque piense que es lugar más adecuado o donde su jefe le haya apostado, allí es donde, en mi opinión, debe permanecer, encarando el peligro y no tomando en consideración ni la muerte ni ninguna otra cosa que el deshonor.

Hubiera cometido un acto deleznable, atenienses, si, después de haber permanecido como cualquier otro en el puesto que me ordenaron los generales que pusisteis al frente mío en Potidea, en Anfípolis y en Delión[18], y ha-

e

---

16. Cfr. *Ilíada* XVIII, 96.
17. Cfr. *Ilíada* XVIII, 98, y XVIII, 104.
18. Batallas libradas entre Atenas y Esparta en los años 429, 422 y 424 a. C. respectivamente. Es fama que Sócrates había participado en ellas de forma destacada, y llegó a salvar la vida a Alcibíades en la primera de ellas. Hay que reseñar que éste es el único testimonio sobre su presencia en la batalla de Anfípolis.

ber corrido el riesgo de morir, ahora que la divinidad me ordena, según yo he creído entender, que viva filosofando y sometiéndome a examen tanto a mí mismo como a los demás, abandonase mi puesto por miedo a la muerte o a cualquier otra circunstancia. Sería deleznable, y entonces cualquiera tendría verdaderamente derecho a llevarme ante el tribunal alegando que no creo en la existencia de los dioses al desobedecer al oráculo, temer a la muerte y creer que soy sabio cuando no lo soy. En efecto, atenienses, temer a la muerte no es otra cosa que considerarse sabio cuando no se es, pues eso es creer saber lo que no se sabe. Nadie conoce la muerte, ni si acaso resultaría ser el mayor de los bienes para el ser humano, y sin embargo la temen como si supieran perfectamente que es el mayor de los males. ¿No es ésta una forma ciertamente reprensible de ignorancia, el creer saber lo que no se sabe? Tal vez, atenienses, en este particular yo sea diferente a la mayoría de los hombres, y si en algo pudiera decir que soy más sabio, sería precisamente en esto, en que no sabiendo con claridad lo que acontece en el Hades[19], del mismo modo no creo saberlo. Pero lo que sí que sé es que cometer una injusticia o desobedecer a quien es mejor, sea un hombre o un dios, es aborrecible y vergonzoso. Por consiguiente, frente a los males que como tal reconozco, jamás temeré ni rehuiré aquellos de los que desconozco si incluso podrían ser un bien. De modo que si ahora vosotros me absolvieseis por no dar crédito a Ánito, quien afirma que o no debería haber comparecido aquí en absoluto, o que, dado que he com-

29a

b

c

---

19. Esto es, tras la muerte.

parecido, no es posible que no sea condenado a muerte, con la argumentación de que en caso de quedar libre vuestros hijos, todos, absolutamente todos, se echarían a perder por entregarse a las enseñanzas de Sócrates, y si además me dijeseis: «Sócrates, en esta ocasión no vamos a hacer caso a Ánito, sino que te absolvemos bajo la condición de que no ocupes más tu tiempo en esa búsqueda y de que no sigas filosofando; y en caso de que seas sorprendido haciéndolo, morirás». Por tanto, si, como os decía, me absolviérais bajo estas circunstancias, os respondería, atenienses, que os respeto y que os estimo, pero que antes obedeceré al dios que a vosotros, y que, mientras tenga aliento y sea capaz, no cesaré de filosofar y de exhortar y aconsejar en cada ocasión a aquel con quien me encuentre con las palabras que acostumbro: «Excelentísimo amigo, siendo ciudadano de Atenas, de la ciudad más grande y renombrada por su ciencia y poder, ¿no te avergüenzas de cuidarte sólo de obtener tanta riqueza como te sea posible, de tu gloria personal y de tu reputación, mientras que del conocimiento, de la verdad y del perfeccionamiento de tu alma ni te cuidas ni te preocupas?». Y si alguno de vosotros disiente y afirma cuidarse de ello, no le permitiré marcharse enseguida, ni me iré yo, sino que le interrogaré, le examinaré hasta ponerle en un aprieto, y si, en contra de lo que sostiene, no me pareciese en posesión de la virtud, le reprocharé que conceda escaso valor a las cuestiones de mayor importancia y mucho a las más insignificantes. Eso haré con quien me encuentre, joven o viejo, extranjero o ciudadano, pero con los ciudadanos más si cabe en tanto que me sois más cercanos por origen. Esto es lo que manda el dios, sabedlo bien, y no creo que os haya acaecido en la ciudad un bien mayor que mi servicio al dios. En efecto, no ando por ahí haciendo otra cosa que convencer a jóvenes y a viejos de que no os cuidéis de vuestra persona y vuestra riqueza antes y con más ahínco que del perfeccionamiento de vuestra alma, diciéndoos que de la riqueza no deriva la virtud, sino que de la virtud deriva la riqueza y todas las otras cosas que para el hombre, tanto en el ámbito público como en el privado, constituyen un bien. Si por decir esto corrompo a los jóvenes, mis palabras serían dañinas; pero si alguien sostiene que digo cosas distintas a éstas, habla en vano. Añadiría, atenienses, que, hagáis caso a Ánito o no, me absolváis o no me absolváis, yo no me comportaré de modo diferente, ni aunque hubiera de sufrir mil veces la muerte.

b

c

No os alborotéis, atenienses, y manteneos en el ruego que os hice de no alteraros por las cosas que digo, sino atended, pues, según creo, os será de provecho escuchar. De hecho, he de relataros algunas otras cosas que tal vez os hagan gritar, aunque os ruego que en modo alguno lo hagáis. Sabed bien, pues, que si me condenáis a muerte, siendo tal y como digo que soy, no me vais a hacer más daño a mí que a vosotros mismos. En efecto, ni Meleto ni Ánito me podrían hacer daño alguno; ni les sería posible, pues no creo que sea conforme a la ley natural que un hombre mejor resulte dañado por uno peor. Podría tal vez matarle, exiliarle o privarle de sus derechos como ciudadano. Éste, así como algún otro, quizá considere que eso es una gran desgracia, pero yo no lo creo así. Para mí es mucho peor hacer lo que él está haciendo en este preciso instante: tratar de hacer morir a un hombre injustamente.

d

Así pues, atenienses, disto mucho de estar haciendo ahora una defensa en favor mío, como se podría pensar, sino en favor vuestro, para que no erréis con respecto a los dones del dios al condenarme. En efecto, si me condenáis a muerte, no encontraréis con facilidad a otro como yo, depositado sin más en la ciudad por el dios, como –aunque suene ridículo– sobre un caballo grande y de raza, pero lento por mor de su tamaño y con necesidad de ser aguijado por una especie de tábano. Por un motivo tal es por lo que me parece que el dios me ha vinculado a la ciudad y de ahí que no pare de alertaros, acicatearos y haceros reproches a todos y cada uno sin daros cuartel en ningún momento del día ni en ningún lugar. No volveréis a contar fácilmente, atenienses, con un hombre de estas características, y si me hacéis caso, me respetaréis la vida. Pero vosotros, hartos quizá ya de mí, como quien es despertado mientras dormita, soltándome un manotazo, me podríais enviar a la muerte fácilmente, tan sólo con obedecer a Ánito, y así tendríais el resto de vuestra vida para dormir, a no ser que el dios, apiadándose de vosotros, os enviara a otro. Que yo sea una suerte de don enviado a la ciudad por el dios, lo entenderéis por el hecho de que no parece cosa humana que haya descuidado todos mis asuntos personales y haya tenido olvidados los de mi familia durante tantos años por ocuparme de los vuestros, llegándome a cada uno individualmente como un padre o un hermano mayor para convenceros de que os ocupéis de la virtud. Si obtuviera alguna ganancia de esto y recibiera un pago por mis admoniciones, tendría alguna razón. Pero comprobad ahora con vuestros propios ojos cómo mis acusa-

dores, aun habiendo denunciado sin ningún pudor todo *c*
lo demás, no han sido capaces de llevar su impudicia
hasta el extremo de presentar un testigo que sostenga que
alguna vez haya yo recibido o solicitado pago alguno.
Por lo que a mí respecta, considero que presento un testigo fiel de que lo que digo es verdad: mi pobreza.

Tal vez pueda resultar extraño que vaya de aquí para
allá repartiendo consejos en privado y con no poco esfuerzo pero que, sin embargo, no me atreva a comparecer ante vuestra asamblea para dárselos a la ciudad públi- *d*
camente. La causa de esto ya me la habéis oído manifestar
en muchas maneras y ocasiones, y es que percibo en mí
algo divino y sobrenatural, cosa que Meleto ya se ha encargado de denunciar en términos burlones en su acusación. Y esto me viene sucediendo desde niño; se trata de
una especie de voz que, cuando se manifiesta, me disuade siempre de aquello que pretendo llevar a cabo y jamás
me empuja a ello. Es esto lo que se opone a que me ocupe de cuestiones políticas, y me parece que con toda razón. En efecto, atenienses, sabed bien que si con anterioridad me hubiera dado a la práctica de la política, hace *e*
tiempo que estaría muerto y no os habría prestado servicio alguno ni a vosotros ni a mí mismo. No me odiéis por
decir la verdad, pues no existe hombre que sea capaz de
sobrevivir enfrentándose noblemente a vosotros o a cualquier otra comunidad de personas e impidiendo que se *32a*
produzcan en la ciudad numerosas circunstancias injustas e ilícitas. Quien realmente quiera luchar por la justicia, si pretende vivir algún tiempo, por breve que sea,
forzosamente habrá de ceñirse al ámbito privado en lugar de al público.

Pero como testimonio contundente de esto, os voy a proporcionar no palabras, sino algo a lo que vosotros reverenciáis más que nada: hechos. Escuchad, pues, lo que me ha sucedido para que sepáis que no me plegaría ante nadie si, por temor a la muerte, contraviniera la justicia, a pesar de que, por el hecho de no plegarme, hubiera de perder la vida. Os voy a relatar hechos enojosos y prolijos, pero ciertos. En efecto, atenienses, yo jamás he ejercido una magistratura, pero sí he formado parte del Consejo. Se daba entonces la circunstancia de que nuestro distrito de Antióquide ejercía la pritanía[20] y que vosotros os disponíais a juzgar en bloque –ilegalmente, como todos habéis reconocido tiempo después– a los diez estrategos que no habían rescatado a los caídos en la batalla naval[21]. Pues bien, en aquella ocasión yo fui el único de los prítanes que se opuso a actuar al margen de la ley y votó en contra vuestra, y aunque los oradores ya estaban prestos a acusarme y a arrestarme y vosotros les animarais a ello con vuestros gritos, consideré que debía afrontar el peligro del lado de la ley y de la justicia antes que ponerme de vuestra parte por temor a la cárcel o a la

---

20. La pritanía es la parte del año en que cada una de las diez secciones en que se dividía el Consejo ejercía la presidencia del mismo. Comoquiera que dichas secciones se correspondían con los distritos (*phylaí*, literalmente «tribus») en que se estructuraba la ciudad, cada distrito o tribu ejercía la pritanía durante una décima parte del año.
21. Se trata de la batalla naval de las Arginusas, frente a Asia Menor, acaecida en el año 406 a. C. En ella los atenienses derrotaron a los espartanos, pero, sin embargo, no pudieron rescatar los cuerpos de los caídos en ella. En consecuencia, diez estrategos fueron juzgados en un juicio en el que tanto el Consejo como la Asamblea, urgidos por el pueblo, decidieron procesar en bloque a dichos estrategos, lo que, en efecto, estaba en contra de la ley. Sólo Sócrates se opuso.

muerte, abogando como abogabais por una causa injusta. Y eso ocurría cuando aún la ciudad estaba bajo el signo de la democracia. Pero luego se instauró la oligarquía, y los Treinta[22], a su vez, me hicieron llamar al Tolo junto a otros cuatro y nos ordenaron traer preso desde su patria a Leonte de Salamina para darle muerte. Eso mismo les mandaron a muchos otros en muchas ocasiones con la intención de implicar en los crímenes a cuantos más mejor. En tales circunstancias yo demostré, no con palabras, sino con hechos, que a mí la muerte, si se me permite lo grosero de la expresión, me importa un rábano, porque lo único que me interesa es no cometer acciones injustas ni impías. Así es, ni aquel gobierno, tan cruel como fue, me llegó a aterrorizar hasta el punto de cometer injusticia alguna, sino que tras salir del Tolo, mientras que los otros cuatro partieron hacia Salamina y prendieron a Leonte, yo me fui derecho a casa. Y tal vez hubiera perdido la vida si el régimen no hubiera caído poco después. De eso tendréis vosotros testigos de sobra.

¿En verdad pensáis que habría vivido durante tantos años de haberme dedicado a la vida pública y, comportándome como cuadra a un hombre de bien, hubiera estado al cuidado de la justicia, otorgando a esto, como se debe, la mayor importancia? Nada más lejos, atenienses;

---

22. Tras la derrota de Atenas en la Guerra del Peloponeso (404 a.C), los espartanos impusieron un régimen de treinta oligarcas atenienses que tenían su cuartel general en un edificio circular denominado Tolo (literalmente, «Rotonda»). El Tolo o Pritaneo fue también el lugar de reunión de los prítanes, donde eran mantenidos a expensas del Estado y celebraban comidas comunales.

ni yo ni ningún otro hombre. Durante toda mi vida, tanto en el ámbito público, si es que algo hice, como en el privado, he evidenciado ser siempre el mismo, no acordando nunca con nadie nada ajeno a la justicia, ni siquiera con ninguno de aquellos de los que quienes me denigran afirman que son mis discípulos. Yo jamás he sido

b maestro de nadie, pero si alguien, joven o viejo, deseaba escucharme mientras hablaba y llevaba a cabo mis asuntos, nunca se lo he impedido. Tampoco me he prestado a conversar sólo si obtenía dinero y si no, no; antes bien, me presto por igual a que tanto el pobre como el rico me formulen preguntas, y a que, quien así lo desee, escuche lo que yo contesto. De éstos, tanto si alguno se hace hombre de provecho como si no, en justicia yo ya no asumo la responsabilidad, en tanto que a ninguno le prometí jamás lección alguna ni le enseñé. Y si alguien sostiene que en alguna ocasión ha aprendido y escuchado de mí en privado algo distinto a lo que todos los demás, sabed bien que no dice la verdad.

c ¿Pero por qué, entonces, algunas personas se complacen en pasar gran parte de su tiempo en mi compañía? Ya lo habéis escuchado, atenienses; os he dicho toda la verdad: se complacen en oírme someter a examen a quienes creen ser sabios cuando no lo son. Y esto no es algo que desagrade. Como os he dicho, esta labor me ha sido impuesta por el dios por medio de oráculos, de sueños y de todas las vías mediante las cuales un ente divino impone al hombre ejecutar una acción cualquiera. Esto, ate-

d nienses, es verdad y además fácil de demostrar. En efecto, si yo corrompo a los jóvenes, necesariamente habré corrompido ya a otros que, si de mayores han cobrado conciencia de que cuando eran jóvenes les di consejos perniciosos en alguna ocasión, se harían hoy al frente para acusarme y cobrar venganza. Y, en caso de no desearlo ellos mismos, cualquiera de sus familiares, padres, hermanos u otros allegados, si sus parientes sufrieron algún daño de mi parte, lo recordarían ahora y se vengarían. De hecho, a muchos de ellos los veo aquí presentes: *e* en primer lugar a Critón, coetáneo y paisano mío, padre de Critobulo, ahí presente[23]; después a Lisanias de Esfeto, padre de Esquines, también presente; ahí tenemos también a Antifón de Cefisia, padre de Epígenes; además de otros cuyos hermanos tomaron parte en aquellas conversaciones, como Nicóstrato, hijo de Teozótides y hermano de Teódoto —por cierto, como Teódoto está muerto, no puede rogarle a su hermano que no actúe en 34*a* mi contra—; Paralio, hijo de Demódoco, cuyo hermano era Téages; Adimanto, hijo de Aristón, cuyo hermano, aquí presente, es Platón; o Ayantodoro, hermano de este Apolodoro que aquí veis[24]. Y todavía os puedo nombrar

---

23. Critón y Sócrates pertenecían, efectivamente, al mismo *demos*. Profesándose gran amistad, Critón, que era un hombre acaudalado, vino a constituirse en ese sentido en una especie de benefactor de Sócrates. Según el diálogo *Critón,* éste tratará de convencer a Sócrates para que se fugue, cosa que éste, apelando a su deber cívico, rechaza. Es con Critón con quien Sócrates intercambia sus famosas últimas palabras en las que Sócrates le ruega que no se olvide de pagar el gallo que adeudan a Asclepio (cfr. *Fedón* 118a). Critobulo, por su parte, frecuentaba el círculo de Sócrates y estuvo también presente en el momento de su muerte.

24. Se trata de personas allegadas a Sócrates, muchas de las cuales asistieron a su muerte, como Esquines, Epígenes o Apolodoro, ferviente seguidor de Sócrates y narrador del *El banquete.* Respecto a Adimanto, diremos que es, junto al otro hermano de Platón, Glaucón,

a muchos otros, a alguno de los cuales habría sido muy conveniente que Meleto lo hubiera presentado como testigo en su discurso. Y si entonces se le olvidó, que lo presente ahora –doy mi consentimiento– y que diga si es que tiene tal testigo. Descubriréis, atenienses, que ocurre todo lo contrario, todos se aprestarán a socorrerme, a mí, su corruptor, quien ha causado tanto daño a sus *b* familiares, como Meleto y Ánito afirman. Podría ser, en efecto, que ellos, los corrompidos, tuvieran una razón para ayudarme, pero los no corrompidos, hombres en edad ya adulta, sus allegados, ¿qué otra razón podrían tener para ayudarme que la rectitud y la justicia, conscientes como son de que Meleto miente y yo digo la verdad?

Bien, atenienses; éstos son, en términos generales, los argumentos que yo podría alegar en mi defensa, y tal vez *c* otros por el estilo. Pero puede que alguno de vosotros se irrite al recordar su propia conducta si, encausado en una causa menos grave que ésta, rogó y suplicó ante los jueces con lágrimas en los ojos e hizo subir a la tribuna a sus propios hijos y a muchos de sus familiares y amigos para suscitar toda la compasión posible. Yo, en cambio, no haré nada de eso, ni afrontando como afronto, o ése es mi parecer, el peligro máximo. De este modo, tal vez alguien, considerando esto con acritud, pudiera tomarla *d* conmigo y, movido a ira por estos motivos, depositara su voto con cólera. Por tanto, si hay alguno que se encuentre en esta situación –no creo que lo haya, pero si lo hubiera–, me parecería razonable dirigirme a él en estos

---

el interlocutor de Sócrates en la *República*. Platón volverá a mencionarse a sí mismo únicamente más adelante, en 38b6, y en *Fedón* 59b10.

términos: «Excelente amigo, yo también tengo familia, y, como decía Homero[25], no nací *ni de encina ni de piedra,* sino de hombres, de manera que yo también tengo parientes e hijos, atenienses; tres, y uno ya es un muchacho, pero dos son todavía críos. Sin embargo, no subiré aquí a ninguno de ellos para suplicaros mi absolución». ¿Que por qué no voy a hacer nada de esto? No por arrogancia, atenienses, ni por desprecio hacia vosotros. Que yo me muestre valiente o no ante la muerte es otro asunto, pero en aras de mi buen nombre, del vuestro y el de toda la ciudad, no me parece decoroso comportarme de esa manera a mi edad y con mi reputación, sea verdadera o sea falsa; es, en todo caso, opinión común que Sócrates se distingue de la mayoría de los hombres. Ahora bien, si quienes de vosotros parecéis distinguiros en sabiduría, valentía o cualquier otra virtud, os comportáis de ese modo, resultaría vergonzoso. Sin embargo, muchas veces he visto a algunos que, aparentando distinción, cuando se encontraban ante el tribunal se comportaban de forma sorprendente, en el convencimiento de que si muriesen sufrirían algo horrible, como si en caso de que no les condenarais a muerte fueran a vivir por siempre. En mi opinión, estas personas acarrean para la ciudad tanta deshonra que cualquier extranjero podría pensar que aquellos atenienses tan distinguidos en virtud y a los que sus conciudadanos eligen para sus magistraturas y demás honores, en nada se diferencian de las mujeres. Es, por tanto, necesario, atenienses, que no actuéis así quienes de vosotros gozáis de cierta consideración, y si lo

---

25. Cfr. *Odisea* XIX, 163; *Ilíada* XXII, 126.

hacemos nosotros, que no lo toleréis; por el contrario, dejad bien claro que condenaréis con mayor dureza a quien, protagonizando estas lamentables escenas, ponga en ridículo a la ciudad que a quien se conduzca con serenidad.

c

Reputación al margen, atenienses, no me parece justo hacer súplicas al juez y quedar absuelto por habérselo implorado en lugar de informarle de los hechos y convencerlo, ya que el juez no está ahí sentado para este propósito, para conceder como un favor la justicia, sino para administrarla; y ha jurado no favorecer a quienes a él le parezca, sino juzgar conforme a las leyes. Tenemos, por tanto, la obligación de no habituaros a quebrantar los juramentos y vosotros la de no acostumbraros, pues ni los unos ni los otros actuaríamos piadosamente. No juzguéis, pues, atenienses que deba llevar a cabo acciones que no considero ni decorosas, ni rectas, ni pías, tanto más, por Zeus, cuando precisamente he sido acusado de impiedad por Meleto, aquí presente. Pues, a todas luces, si os convenciera y, a fuerza de súplicas, coaccionara a quienes estáis bajo juramento, os estaría enseñando a no creer en la existencia de dioses, y sencillamente, al intentar defenderme, me estaría acusando a mí mismo de no creer en los dioses. Pero dista mucho de que esto sea así. En efecto, atenienses, creo en los dioses como ningún otro de mis acusadores, y a vuestras manos y a las del dios confío el que me juzguéis de la manera que haya de resultar mejor tanto para mí como para vosotros[26].

d

36a

Varias son, atenienses, las razones que contribuyen a que no me sienta enojado por lo sucedido, por el hecho

---

26. En este punto concluye la defensa de Sócrates.

de que me hayáis condenado, principalmente porque no me coge por sorpresa; mucho más me ha sorprendido el número resultante de votos a favor y en contra, pues no me imaginaba que el margen entre unos y otros fuera tan exiguo, sino mucho más amplio. Luego, según parece, sólo con que treinta votos hubieran caído del otro lado, habría salido absuelto[27]. Sea como sea, en mi opinión y por lo que respecta a Meleto, también he quedado absuelto, y no sólo absuelto, sino que a nadie se le escapa que si Ánito y Licón no se hubieran personado como acusadores, aún tendría él que pagar una multa de mil dracmas por no haber conseguido la quinta parte de los votos[28].

b

Por consiguiente, este hombre propone para mí la pena de muerte. Sea, pero ¿qué pena alternativa puedo yo proponeros, atenienses?[29] ¿No es evidente que la que me merezca? ¿Cuál si no? ¿Qué pena merezco sufrir o pagar por haber aprendido a conducirme en la vida sin

---

27. Comoquiera que el tribunal estaba compuesto por 500 miembros y, tomando en cuenta que el empate favorecía al acusado, el resultado de la votación debió de ser de 280 votos frente a 220.
28. Para evitar falsas acusaciones, la ley establecía que el acusador debía conseguir al menos una quinta parte de los votos, bajo pena de una multa de mil dracmas en caso de no conseguirlos. En consecuencia, las cuentas que Sócrates tiene en mente son las siguientes: siendo tres los acusadores y habiendo obtenido un número de votos inferior a 300, de un total de 500, si Meleto hubiera presentado en solitario su acusación, el número de votos por él obtenidos (un tercio de 280), habría estado por debajo de lo requerido.
29. Meleto ha propuesto para Sócrates la pena de muerte. Por su parte, Sócrates tiene derecho a proponer una pena alternativa. Los jueces deberán optar por una de las dos, sin que se admita una solución intermedia.

tregua, ajeno a las preocupaciones de la mayoría (riquezas, posesiones, cargos militares, intervenciones en la asamblea, magistraturas varias, las conjuras y las componendas políticas que se dan en la ciudad), por considerar que en verdad era lo bastante honrado como para salir con bien si entraba en esa dinámica? De modo que, en lugar de encauzar mis pasos a donde no hubiera sacado nada de provecho ni para vosotros ni para mí mismo, me dirigí en privado a cada uno de vosotros para, así como os lo digo, reportaros el mayor beneficio, tratando de persuadir a cada cual de que no se ocupara antes de sus intereses que de llegar a ser él mismo lo mejor y más sensato posible, ni se ocupara antes de los asuntos de la ciudad que de la ciudad en sí, y de la misma manera con el resto de cosas. Siendo cual soy, ¿de qué soy merecedor, pues? De algo bueno, atenienses, si es que en verdad se me ha de imponer algo con arreglo a mis merecimientos; un premio que, por lo demás, me convenga. Pero ¿qué es lo que le conviene a un hombre menesteroso, si bien benéfico, que necesita de tiempo libre para exhortar vuestro ánimo? Nada más conveniente para un hombre tal, atenienses, que ser mantenido en el Pritaneo, mucho más que si alguno de vosotros hubiera vencido en las Olimpiadas con el caballo, la biga o la cuadriga. Así es, mientras éste os hace parecer felices, yo os hago serlo, y mientras él no necesita manutención, yo sí la necesito. En consecuencia, si he de imponerme aquello que es justo según mis merecimientos, propongo mi manutención en el Pritaneo[30].

---

30. Esto es, Sócrates solicita para sí el honor –reservado a los prítanes en función y a los personajes más destacados por sus logros en pro de

Tal vez os parezca que hablando de esta manera me expreso con una arrogancia pareja a la de cuando me referí a los lamentos y las súplicas de la gente. Pero no es así, atenienses, sino más bien de este otro modo: estoy convencido de que jamás he hecho mal alguno a ningún hombre intencionadamente, por más que no logre convenceros de ello debido a lo poco que llevamos conversando. *b*
En mi opinión, si entre vosotros existiera una ley, como existe entre otras gentes, según la cual la pena de muerte no se pudiera juzgar en un solo día, sino en varios, quedaríais convencidos. Pero, ahora, en tan breve espacio de tiempo, no es fácil librarse de tamañas calumnias. Convencido como estoy de que jamás hice mal a nadie, disto mucho tanto de hacérmelo a mí mismo como de decir acerca de mi persona que merezco ese mal y proponer para mí una condena semejante. ¿Que qué es lo que temo? ¿Acaso sufrir lo que Meleto propone para mí y de lo que aseguro desconocer si se trata de algo bueno o de algo malo? ¿Para escoger en su lugar, y asignándomelo yo mismo, algo que sé perfectamente que es un mal? ¿La cárcel tal vez? ¿Por qué motivo tengo que vivir *c* en prisión esclavo de los miembros de turno de la institución de los Once?[31] ¿Una multa, y permanecer en la cárcel hasta que la haya pagado? Pero volvemos a lo que os acabo de decir, que no tengo dinero con que pagarla. ¿Me habré de proponer, entonces, la pena de destierro?

---

la ciudad, como, en efecto, los vencedores olímpicos– la manutención vitalicia a expensas públicas en el Pritaneo.
31. Los Once son los magistrados a cargo de las prisiones y de las ejecuciones. Eran elegidos por sorteo y reemplazados anualmente.

Tal vez sea ésta la pena que me reserváis. Pero desde luego, atenienses, grande tendría que ser mi apego a la vida si yo estuviera tan loco como para no ser capaz de entender que ni vosotros, que sois mis conciudadanos, sois capaces de aguantar mis soflamas y mis discursos, sino que se os han hecho tan pesados y tan odiosos que tratáis ahora de deshaceros de ellos. ¿Acaso otros van a soportarlos mejor? Nada más lejos, atenienses. Hermosa vida me esperaría vivir, a mi edad, marchándome ahora y saltando de una ciudad a otra y siendo echado de todas. Bien sé que, allí donde llegue, los jóvenes atenderán lo que diga, como aquí. Pero si los aparto de mí, ellos mismos me expulsarán tras convencer a sus mayores, y si no los alejo, lo harán sus padres y familiares por mor de ellos.

Tal vez alguien podría decir: «¿Pero es que no serías capaz, Sócrates, de vivir en silencio y tranquilo lejos de nosotros?». Y esto es precisamente lo más difícil de hacéroslo entender a algunos de vosotros, puesto que si os digo que esto es desobedecer al dios y que por ello no me es posible conducirme con tranquilidad, no me creeríais pensando que me burlo. Y si añado que el bien máximo para un hombre es reflexionar cada día acerca de la virtud y otras cosas sobre las que me habéis oído conversar cuando me sometía a examen tanto a mí mismo como a los demás, y que para un hombre una vida no examinada no merece ser vivida, todavía creeríais menos en lo que digo. E insisto en que esto es así, ciudadanos, aunque no resulte fácil hacéroslo ver. Además, yo no estoy acostumbrado a considerarme merecedor de mal alguno. No obstante, si tuviera dinero, me impondría como multa una cantidad que pudiera pagar, ya que eso no me acarrearía ningún daño. Pero no lo tengo, a no ser que queráis imponerme una multa que esté en condiciones de afrontar. Digamos que tal vez podría pagar una mina de plata. Sí, eso es lo que propongo. Pero, atenienses, Platón, Critón, Critobulo y Apolodoro me insisten en que proponga treinta minas, que ellos serán mis fiadores. Propongo, pues, esa cantidad, y en ellos tendréis a unos fiadores dignos de garantía[32].

Por una ganancia de no mucho tiempo, atenienses, os habéis granjeado, a ojos de quienes quieran desacreditar la ciudad, la fama y la responsabilidad de haber condenado a muerte a Sócrates, un hombre sabio –pues, aunque no lo sea, los que quieren cargaros de oprobio, dicen que soy sabio–. Si hubierais aguardado al menos un poco de tiempo, esto se habría producido de manera espontánea. Mirad la edad que tengo; lejos ya de la vida, próxima a la muerte. Y no me dirijo a todos vosotros, sino a aquellos que votaron mi muerte. A todos ellos, les digo también otra cosa. Quizá penséis, atenienses, que he sido condenado por carencia de argumentos con que convenceros si hubiera juzgado preciso hacer y decir todo lo necesario para eludir la condena. Nada más lejos. Por carencia he sido condenado, pero no de argumentos, desde luego, sino de descaro e impudicia, y por no querer deciros lo que os hubiera sido más grato de escuchar, oyéndome plañir y gimotear, hacer y decir muchas

---

32. Treinta minas equivalían aproximadamente al salario de diez años. Una vez efectuada la propuesta alternativa, se procede a una nueva votación.

otras cosas indignas de mí, cosas, como os digo, que estáis acostumbrados a oír de los demás. Ni entonces juzgué necesario, por mor del peligro, realizar nada innoble, ni ahora me arrepiento de haberme defendido de tal modo. Prefiero, antes bien, morir habiéndome defendido de esta manera que vivir habiéndolo hecho de aquella otra. Pues ni ante la justicia ni en la guerra, ni yo ni ningún otro puede obrar esas maquinaciones con el fin de evitar la muerte a toda costa. Claro está que en los combates muchas veces uno podría escapar a la muerte arrojando las armas y volviéndose suplicante a sus perseguidores. Cada uno de los peligros tiene sus propias tretas para esquivar la muerte, con tal de que uno se atreva a hacer o decir cualquier cosa. Pero lo difícil, atenienses, no es eludir la muerte; mucho más difícil es eludir la maldad, pues corre más veloz que la muerte. Y yo ahora, lento y viejo como soy, he sido alcanzado por la más lenta de ellas; mis acusadores, en cambio, en tanto que inteligentes y rápidos, por la más rápida: la malicia. Yo ahora me marcho de aquí sentenciado a morir por vosotros, pero ellos, sentenciados por la verdad como reos de mezquindad e injusticia. Yo asumo mi condena, ellos la suya. Tal vez sea así como esto tenía que acabar, y creo que es lo correcto.

A vosotros que me habéis condenado deseo vaticinaros lo que seguirá a esto. Me encuentro, ciertamente, en esa situación en que los hombres, cuando están a punto de morir, poseen mayor clarividencia. A vosotros, hombres que me habéis sentenciado, os aseguro que justo después de mi muerte os alcanzará un castigo mucho más duro, por Zeus, que la muerte que me habéis dado.

En efecto, vosotros habéis obrado esto en la idea de que así os librabais de rendir cuentas de vuestra vida, pero, como os digo, os sucederá todo lo contrario. Serán cada vez más numerosos los que os pidan cuentas, gente que hasta ahora yo lograba contener sin que vosotros os dierais por enterados, y que serán todavía más duros por cuanto se trata de jóvenes, con lo que vosotros os violentaréis todavía más. Si os creéis que matando seres humanos vais a impedir que se os eche en cara que no vivís rectamente, no pensáis bien. No es ésta una solución en absoluto viable ni honesta; mucho más honesto y hacedero que deshacerse de los demás es procurarse para sí mismo el ser lo mejor posible. Y con este vaticinio para quienes me habéis sentenciado, me despido de vosotros.

En cambio, con aquellos que habéis votado en mi favor me gustaría mantener una conversación a propósito del asunto aquí acontecido, en lo que las autoridades llevan a cabo sus diligencias y yo aún no marcho al lugar donde he de ir a morir. Concededme, pues, amigos, vuestra compañía durante este tiempo, ya que nada nos impide intercambiar unas palabras mientras nos sea posible. A vosotros, como amigos que sois, quiero revelaros lo que me ha sucedido hoy y su significado. En efecto, jueces –pues llamándoos jueces os llamo correctamente–, me ha sucedido una cosa extraña. La voz profética de siempre, esa voz de la divinidad que durante todo el tiempo anterior me ha venido siendo siempre puntual, oponiéndose incluso en los asuntos más triviales si en algo me iba a conducir erróneamente, precisamente ahora que, como vosotros mismos veis, me ha sucedido lo que podría juzgarse y que por

b lo general se considera el peor de los males, la señal del dios no se me ha opuesto, ni cuando salí de casa esta mañana, ni cuando entré aquí en el tribunal, ni en ningún momento en que me disponía a decir algo durante mi defensa. ¡Cuántas veces en otros discursos me ha refrenado en mitad de mi parlamento! En cambio, ahora, en lo tocante a este asunto, en ningún momento se ha opuesto a ningún acto ni a ninguna palabra mía. ¿Que cuál sospecho yo que sea la causa? Os lo voy a decir. Con toda probabilidad, lo que me ha sucedido es algo bueno, y no suponemos correctamente cuántos de
c nosotros pensamos que morir es un mal. Hoy he tenido una gran prueba de ello, ya que la señal de costumbre no podía dejar de oponérseme si lo que hacía no me había de acarrear algo bueno.

Consideremos también desde otro punto de vista cómo existe un buen motivo de esperanza de que esto sea un bien. En efecto, morir implica una de estas dos alternativas: o bien es como si no se existiera y el muerto no percibe ningún tipo de sensaciones, o bien, según dicen, se produce un tránsito, una suerte de migración del
d alma de este lugar de aquí a algún otro. Si se trata de una ausencia de sensaciones, como cuando se duerme y el que duerme no sueña nada, la muerte constituiría un extraordinario beneficio, pues soy de la opinión de que si alguien, escogiendo una de las noches en la que durmió de modo que no soñó nada, y confrontándola con las demás noches y días de su vida, tuviera que decir, tras reflexionar sobre cuántos días y cuántas noches ha vivido en toda su vida mejor y más plácidamente que esa noche, presumo que no ya un hombre común, sino el Gran

Rey[33] en persona, encontraría bien fáciles de contar éstas en comparación con los otros días y noches. Por consiguiente, si la muerte es de este modo, reitero que es un beneficio, pues el tiempo infinito no parece que sea ninguna otra cosa que una única noche. Ahora bien, si la muerte es como un partirse de viaje de aquí a otro lugar y es cierto eso que dicen de que allí se encuentran todos los que han fallecido, ¿qué mayor bien que ése podría existir, amigos jueces? Así es, si alguien, una vez en el Hades, libre por fin de cuantos aquí se arrogan el nombre de jueces, se encuentra a los verdaderos jueces, aquellos que se dice que allí imparten justicia, Minos, Radamanto, Éaco y Triptólemo[34], así como otros semidioses que fueron justos en el curso de su vida, ¿sería éste un viaje vano? Más aún, ¿cuánto daría cualquiera de vosotros por estar en compañía de Orfeo, Museo, Hesíodo y Homero?[35] Deseo morir muchas veces si es esto cierto. Por lo que a mí respecta, mi estancia allí sería maravillosa, cuando me encontrara con Palamedes y con Áyax Te-

---

33. Por antonomasia, el rey de los persas, paradigma para los griegos de riqueza y prosperidad.
34. Minos es el legendario rey de Creta, hijo, como su hermano Radamanto, de Zeus y Europa, mientras que Éaco lo era de Zeus y Egina. Se trata de los tres proverbiales jueces que imparten justicia en el Hades, a los que se les suma la mención de Triptólemo, héroe eleusino de gran ascendiente en los cultos mistéricos. Vinculado con Deméter, difundió el cultivo del trigo entre los hombres.
35. Orfeo y Museo son dos figuras míticas relacionadas con el canto y el orfismo. Es famoso el descenso de Orfeo a los infiernos para rescatar a su esposa Eurídice y la manera en que su intento se malogró al mirar hacia atrás para ver si ésta le acompañaba, quebrantando así la única condición que se le había impuesto. Hesíodo y Homero son los dos grandes poetas épicos de Grecia.

lamonio[36], o con cualquier otro de los de antaño que muriera por una sentencia injusta, confrontando mis propios padecimientos con los de ellos; pienso que no sería una cosa ingrata. Pero, sobre todo, pasando el tiempo mientras someto a examen e interrogo a los de allí como hago con los de aquí, quién de ellos es sabio y quién cree serlo, pero no lo es. ¿Cuánto daría cualquiera, amigos jueces, por examinar detenidamente a quien condujo tan gran

c ejército a Troya, o a Ulises, o a Sísifo, o a los miles de hombres y mujeres restantes que podría nombrar?[37] Conversar allí con ellos, compartir su compañía y someterlos a examen sería de una felicidad inconcebible. Con toda certeza, la gente allí no mata a causa de esto. Se trata, por muchos motivos, de gente más feliz la de allí que la de aquí, principalmente y si es verdad lo que dicen, porque ya son inmortales el resto del tiempo.

Pero también vosotros, jueces, habéis de estar esperanzados ante la muerte y tener en mente que sólo hay

d

---

36. Tanto Palamedes como Áyax vinieron a sucumbir ante los manejos de Ulises. El primero murió bajo la acusación de traición, después de que Ulises difundiera una carta supuestamente escrita por Príamo, el rey de los troyanos, según la cual Palamedes mantendría contactos con éstos. Por su parte, Áyax se suicidó debido a la locura que le sobrevino cuando decidieron conceder las armas del ya fallecido Aquiles a Ulises, quien habría intrigado para conseguirlas, en vez de a él.

37. Quien condujo el ejército de los griegos contra Troya fue Agamenón. Sísifo y Ulises son paradigma de la astucia; del primero cabe destacar cómo, muerto por Zeus por haber encadenado a la Muerte, logró regresar al mundo de los vivos alegando que no había recibido honras fúnebres: sólo volvió al Hades una vez que murió de viejo. Sin embargo, fue condenado a subir eternamente hasta lo alto de una colina una roca que invariablemente volvía a caer cuando había llegado a la cima. Ciertas versiones convierten a Sísifo en padre de Ulises.

una cosa cierta: que para el hombre honesto no existe ningún mal, ni en vida, ni una vez que ha muerto, y que sus dificultades no les resultan indiferentes a los dioses. Mi circunstancia presente no es casual, sino que veo claramente que morir y librarme de las ocupaciones era lo mejor para mí. Por esta razón, la señal divina no me disuadió en ningún momento y yo no guardo ningún rencor a quienes votaron en mi contra ni a mis acusadores, por más que no votaron en mi contra ni me acusaron con esta intención, sino con la idea de hacerme daño; en este punto sí son dignos de reproche. Sin embargo, una sola *e* cosa solicito de ellos: que a mis hijos, cuando se hagan mayores, atenienses, les castiguéis importunándoles con aquellas mismas cosas con que os importuné yo a vosotros, si os parece que se preocupan del dinero u otra cosa antes que de la virtud; y si os parece que creen ser algo cuando no son nada, echarles en cara, como hice yo con vosotros, el hecho de que no se preocupen de lo que es necesario y que piensen que son algo cuando no son dignos de nada. Si hacéis esto, tanto yo como mis hijos habremos recibido un justo tratamiento por vuestra parte. 42*a*

Pero ya es hora de marchar, yo a morir, vosotros a vivir. Que quién de nosotros se dirige a una circunstancia mejor, eso es algo oculto para todos, excepto para el dios.

Menón

Menón, Sócrates, esclavo de Menón, Ánito

MENÓN.–¿Sabrías decirme, Sócrates, si la virtud es enseñable? ¿O, si no enseñable, adquirible mediante la práctica? ¿O ni por la práctica ni por el aprendizaje, sino que surge en los hombres de forma natural o de cualquier otro modo? 70a

SÓCRATES.–Menón, ya de antiguo los tesalios eran famosos entre los griegos y asombraban por su manejo del b
caballo y su riqueza, pero ahora, según creo, también lo son por su saber; sobre todo los conciudadanos de tu amigo Aristipo, los de Larisa[1]. Y la culpa de ello la tiene

---

1. Larisa es la principal ciudad de Tesalia, región esta situada al sur de Macedonia y en la costa occidental del Mar Egeo. Aristipo pertenecía a la poderosa familia de los Alévadas, mencionados a continuación, que, en su enfrentamiento político con los Escópadas, obtuvo el apoyo de los persas. Según Jenofonte (*Anábasis*, II 6, 28), una fuente hostil, Menón obtuvo su mando al frente de un contingente de mercenarios griegos gracias a su amistad con Aristipo.

Gorgias[2], ya que cuando llegó a la ciudad se ganó con su saber tanto el afecto de los principales Alévadas, entre los que se cuenta tu enamorado Aristipo[3], como el del resto de los tesalios. De hecho, os ha inculcado el hábito *c* de contestar resuelta y serenamente si alguien os pregunta algo, tal y como cuadra a los que saben, dado que él mismo se presta a que cualquier griego que lo desee le pregunte lo que se le antoje, sin que nadie quede sin respuesta. Aquí[4], en cambio, querido Menón, la situación 71*a* es la contraria; se ha producido una suerte de sequía del saber, y se corre el riesgo de que tal saber se haya mudado de estos parajes a los vuestros. Tanto es así, que si quieres hacer una pregunta de ese tipo a los de aquí, no habrá quien no se ría y te diga: «Ay, forastero, sin duda me tomas por un ser tan dichoso como para saber si la virtud es enseñable o si surge de otro modo. Tan lejos estoy de saber si es o no es enseñable, que ni siquiera sé qué es lo que pueda ser la propia virtud».

b En todo caso, Menón, a mí también me pasa eso. Comparto con mis conciudadanos la misma penuria respecto a esa cuestión, y me reprocho el no saber nada en absoluto acerca de la virtud; pero de una cosa que no sé qué es, ¿cómo podría saber cómo es? ¿O acaso te parece factible que quien no conozca en absoluto quién es Menón, sepa si es guapo, si es rico y además noble, o si es todo lo contrario? ¿Te parece eso posible?

---

2. Sobre Gorgias, cfr. *Apología* 19e3, nota *ad loc.*
3. Dicho a grandes rasgos, la homosexualidad en Grecia se inscribe en un contexto de educación integral en la que el hombre mayor y experimentado instruye al inexperto adolescente.
4. Esto es, Atenas.

MEN.–No, no me lo parece. Pero tú, Sócrates, ¿de verdad no sabes qué es la virtud? ¿Eso es lo que habré de decir de ti de vuelta a mi tierra?

SÓC.–No sólo eso, amigo, sino que, según creo, aún no me he encontrado con nadie que lo sepa.

MEN.–¿Cómo? ¿No tuviste un encuentro con Gorgias cuando estuvo aquí?[5]

SÓC.–Así es.

MEN.–¿Y no te pareció que lo supiera?

SÓC.–No tengo muy buena memoria, Menón, así que no puedo decirte en este momento lo que me pareció entonces. Pero puede que sí que lo supiera y tú te acuerdes de lo que contaba. En ese caso, refréscame la memoria acerca de lo que decía, o, si lo prefieres, habla por ti mismo, ya que sin duda compartes su mismo parecer.

MEN.–Lo comparto.

SÓC.–Entonces dejémosle en paz a él, ya que además no está presente. Pero tú, Menón, por los dioses, ¿qué dices que es la virtud? Cuéntamelo y no me lo niegues, para caer así en el más feliz de los errores en caso de que se demuestre que tú y Gorgias lo sabéis, diciendo como he dicho que jamás he conocido a nadie que lo supiese.

MEN.–No es difícil de decir, Sócrates. Si en primer lugar quieres conocer cuál es la virtud del hombre, es fácil: ésta, la virtud del hombre, consiste en ser diligente a la hora de administrar los asuntos de la ciudad y, en su ad-

---

5. Gorgias acudió a Atenas en el año 427 a. C. en calidad de embajador, pero, muy posiblemente, aquí se esté haciendo referencia a la fecha indeterminada en que tiene lugar el encuentro descrito en el *Gorgias*.

ministración, procurar bien a los amigos y mal a los enemigos, así como cuidarse de no padecer él mismo ningún daño. Y si quieres conocer la virtud de la mujer, no resulta complicado llegar a la conclusión de que necesariamente habrá de gobernar bien la casa, cuidando de sus enseres y obedeciendo a su marido. Asimismo, existe una virtud distinta tanto en el niño –diferente la del niño a la de la niña–, como en el anciano –una si es libre y otra si esclavo, como prefieras–. Y existen muchísimas otras virtudes, de modo que no supone mayor dificultad el hablar acerca de lo que es la virtud, pues en cada una de las actividades y de las etapas de la vida y para cada uno de nosotros y en cada acto reside la virtud, del mismo modo que creo, Sócrates, que también reside el vicio.

72a

SÓC.–Me parece que he tenido mucha suerte, Menón, si buscando una sola virtud he descubierto un enjambre de virtudes depositadas junto a ti. Ahora bien, Menón, por seguir con esta imagen de los enjambres; si te pregunto cuál es la esencia de la abeja, y tú me contestas que existen muchas abejas y de muy variado tipo, ¿qué me responderías si te formulara esta otra pregunta?: «¿Acaso afirmas que, por ser abejas, son muchas, de muy variado tipo y diferentes entre sí? ¿O, por el contrario, su diferencia no reside en eso, sino en algo distinto, por ejemplo, la belleza, el tamaño u otra cosa por el estilo?». Di, ¿qué responderías a una pregunta así?

b

MEN.–Precisamente eso, que, en tanto que abejas, en nada se diferencian las unas de las otras.

SÓC.–Pero si luego añado lo siguiente: «Dime, Menón, ¿qué sostienes que es aquello en que precisamente no se

c

diferencian en absoluto sino que son todas idénticas?».
¿Sabrías decírmelo?

MEN.–Claro que sí.

SÓC.–Lo mismo pasa también con las virtudes: que por más que sean muchas y de muy variado tipo, todas observan una única y misma forma[6] merced a la cual son virtudes. Y es hacia esa forma hacia donde habrá de mirar detenidamente aquel que quiera responder y aclarárselo a quien ha formulado la pregunta de qué es la virtud. ¿O no entiendes lo que te quiero decir?

d

MEN.–Creo que sí que lo entiendo, pero no acabo de coger, como me gustaría, el sentido de la pregunta.

SÓC.–¿Te parece, Menón, que sólo es así en el caso de la virtud, que exista una en el caso del hombre y otra distinta en el de la mujer, y así sucesivamente, y del mismo modo en lo que toca a la salud, el tamaño o la fuerza? ¿Consideras que hay una salud propia del hombre y otra propia de la mujer? ¿O es en todos los casos la misma forma, siempre que se trate de salud, ya se dé en el hombre o en cualquier otro ser?

e

MEN.–Opino que se trata siempre de la misma salud, tanto en el caso del hombre como en el de la mujer.

SÓC.–¿Acaso no ocurre así con el tamaño y la fuerza? Si una mujer es fuerte, ¿será fuerte en razón de la misma forma, esto es, por la misma fuerza? Y cuando digo «la misma» me refiero a que la fuerza, como fuerza que es, en nada se diferencia ya se encuentre ésta en el hombre o en la mujer. ¿O te parece que difiere en algo?

---

6. Traducimos por «forma» el término *eîdos*. La «forma» (o «idea») sería la noción conceptual y abstracta de la que participan las realidades.

MEN.–No, no me lo parece.

73a SÓC.–Entonces la virtud, en cuanto al hecho de ser virtud, ¿diferirá en algo por el hecho de encontrarse en un niño o en un viejo, en una mujer o en un hombre?

MEN.–Me parece, Sócrates, que aquí ya no nos encontramos en el mismo caso que en los anteriores.

SÓC.–¿Por qué? ¿No afirmabas que la virtud de un hombre era administrar la ciudad y la de la mujer el hogar?

MEN.–Así es.

SÓC.–¿Y acaso es posible administrar bien la ciudad, la casa o lo que sea, si el administrador no lo hace sensata y ecuánimemente?

b MEN.–Desde luego que no.

SÓC.–¿Y acaso si lo administran sensata y ecuánimemente no lo harán por mor de la justicia y de la sensatez?

MEN.–Necesariamente.

SÓC.–Entonces, para ser buenos, ambos, tanto el hombre como la mujer, precisarán de las mismas cosas, de justicia y de sensatez.

MEN.–Obviamente.

SÓC.–¿Y un niño y un viejo? ¿Podrían llegar a ser buenos, siendo insensatos e injustos?

MEN.–Desde luego que no.

SÓC.–¿Y siendo sensatos y ecuánimes?

MEN.–Entonces sí.

c SÓC.–Luego todas las personas son buenas del mismo modo, ya que llegan a ser buenos al poseer las mismas cualidades.

MEN.–Parece ser.

SÓC.–En consecuencia, si su virtud no fuera la misma, no serían buenos del mismo modo.

MEN.–Claro que no.

Sóc.–De manera que como hay una misma virtud para todos, trata de explicarme y de refrescarme qué es lo que Gorgias, y tú con él, sostiene que es.

MEN.–¿Qué otra cosa sino que el ser capaz de mandar sobre los hombres? Si lo que buscas es una única cosa válida para todos los casos.

d

Sóc.–Precisamente eso es lo que busco. ¿Pero, es que acaso, Menón, la de un niño es también la misma virtud? ¿Y la de un esclavo? ¿Ser capaz de mandar sobre el dueño? ¿Te parece que sigue siendo un esclavo el que manda?

MEN.–En absoluto me lo parece, Sócrates.

Sóc.–De hecho, no es verosímil, mi excelente amigo. Pero observa aún esto otro: tú dices «ser capaz de mandar». ¿No añadiremos que «justamente y no injustamente»?

MEN.–Así lo creo, Sócrates, toda vez que la justicia es virtud.

Sóc.–¿La virtud, Menón, o una virtud cualquiera?

e

MEN.–¿A qué te refieres?

Sóc.–A lo que pasa en otros casos. Lo redondo, si quieres, por poner un ejemplo; yo te diría que es una figura, pero no la figura, sin más. Y la llamaría de este modo porque existen también otras figuras.

MEN.–Y dirías bien, porque también yo digo que hay otras virtudes además de la justicia.

Sóc.–Como cuáles, dime. Pues del mismo modo yo también te nombraría otras figuras si me lo solicitaras. Enumérame, pues, otras virtudes.

74a

MEN.–Pues la valentía a mí me parece que es virtud, y la sensatez, y la sabiduría, y la magnanimidad, y muchísimas otras.

Sóc.–De nuevo, Menón, nos ha vuelto a pasar lo mismo: una vez más hemos venido a dar con muchas virtudes cuando buscábamos una sola, aunque de forma distinta a como hace un rato. Sin embargo, aquella única que reside en todas las demás no logramos hallarla.

b Men.–Pero es que yo no consigo, Sócrates, como tú pretendes, aprehender una única virtud común a todas, como en los otros ejemplos.

Sóc.–Como es natural. Pero yo estoy empeñado, si soy capaz, en que sigamos adelante. Te das cuenta, por descontado, de que es así con todo. De modo que si alguien te preguntara lo que te acabo de decir, «Menón, ¿qué es la figura?», y tú le respondieras que «lo redondo» y, a su vez, él te replicara, como yo, «¿Qué es lo redondo? ¿La figura, sin más, o una figura?» Sin duda, tú dirías que una figura.

Men.–Ciertamente.

c Sóc.–¿Y no será acaso por la razón de que existen otras figuras?

Men.–Efectivamente.

Sóc.–Y si te preguntara que cuáles, ¿se lo dirías?

Men.–Sí.

Sóc.–Y si de nuevo te pregunta que qué es el color y, a tu respuesta de que «el blanco», tu interrogador añadiera a continuación: «¿El blanco es el color, sin más, o un color?». ¿Le contestarías que un color porque se da la circunstancia de que hay otros?

Men.–Así es.

d Sóc.–Y si te solicitara que le enumeraras otros colores, ¿le enumerarías otros que en absoluto son menos color que el blanco?

MEN.–Sí.

SÓC.–Y si, como yo, continuara su argumentación y dijese: «Siempre llegamos a una pluralidad, pero eso no me satisface, porque a dicha pluralidad la denominas con un único nombre y sostienes que no hay una sola de ellas que no sea figura incluso cuando son contrarias unas de otras. ¿Qué es, entonces, eso que contiene en no menor medida lo redondo que lo recto y a lo que llamas figura, bajo la afirmación de que en absoluto es más figura lo redondo que lo recto? ¿O no es eso lo que dices?». *e*

MEN.–En efecto.

SÓC.–Ahora bien, cuando dices eso, ¿estás afirmando que lo redondo no es más redondo que recto y que lo recto no es más recto que redondo?

MEN.–Desde luego que no, Sócrates.

SÓC.–Sin embargo, en absoluto afirmas que lo redondo sea más figura que lo recto, ni esto más que aquello.

MEN.–Y dices verdad.

SÓC.–¿Qué es entonces eso que recibe el nombre de figura? Trata de decirlo. Si al que te pregunta tal cosa *75a* acerca de la figura o del color le contestas: «Pero, hombre, es que no comprendo lo que quieres ni sé a qué te refieres», puede que se sorprenda y te responda: «¿No entiendes que estoy buscando un elemento común a todas esas cosas?». Acaso tampoco serías capaz de responder, Menón, si te plantease esta cuestión: «¿Qué hay en lo redondo, en lo recto y en el resto de cosas a las que denominas figuras que sea común en todas?». Trata de decirlo, para que te sirva de entrenamiento de cara a una respuesta acerca de la virtud.

MEN.–No, Sócrates, contéstalo tú. *b*

Sóc.–¿Deseas que te haga ese favor?

Men.–Desde luego que sí.

Sóc.–¿Y luego querrás tú hablar, a tu vez, sobre la virtud?

Men.–Sí.

Sóc.–Hagamos, pues, un esfuerzo. Merece la pena.

Men.–De verdad que sí.

Sóc.–Venga, tratemos de explicarte qué es una figura. A ver si aceptas esta explicación: para nosotros, la figura será lo único que acompaña continuamente al color. ¿Te basta, o buscas una explicación distinta? Porque, por lo que a mí respecta, estaría muy satisfecho si me hablaras así en lo tocante a la virtud.

c   Men.–Pero eso es demasiado facilón, Sócrates.

Sóc.–¿Cómo dices?

Men.–Que según tu argumentación, figura es lo que siempre acompaña al color. Sea; pero si alguien dijera que no conoce el color y se encontrara en el mismo aprieto que con la figura, ¿qué crees que le habrías respondido?

Sóc.–La verdad, sin duda. Y si quien pregunta es uno
d de esos sabios que gustan de disputar y contender, le contestaría: «Dicho queda por mi parte, y si no estoy en lo cierto, tarea tuya es examinar mi razonamiento y refutarlo». En cambio, si quisiéramos discutir de forma amistosa, como tú y yo ahora, sería preciso dar una respuesta más amable y más argumentada[7]. Pero quizá ese «más argumentada» no consista sólo en contestar la verdad,

---

7. Literalmente, «más dialécticamente», pero todavía sin el sentido técnico que habrá de alcanzar la expresión.

sino en emplear además elementos que el interpelado admita conocer. Trataré, pues, de hablarte así yo también. Dime: ¿llamas «fin» a algo? Me refiero a algo del estilo de «límite» o «término» –y empleo estas palabras como sinónimos, porque, aunque seguramente Pródico[8] estaría en desacuerdo con nosotros, al menos tú dices que algo «llega al límite» o «finaliza»–. Algo así es lo que quiero decir, nada enrevesado.

MEN.–En efecto, eso digo, y creo que entiendo por donde vas.

SÓC.–¿Qué? ¿Hay algo a lo que llames «superficie» y «sólido» a otra cosa, como los términos que se emplean en geometría?

MEN.–En efecto, así los llamo.

SÓC.–Entonces ya estás en condiciones de comprender, a partir de eso, lo que yo entiendo por figura. En efecto, en el caso de todas las figuras, sostengo que una figura es aquello en que limita un sólido; o, por resumir, que la figura es el límite de un sólido.

MEN.–¿Y qué me dices del color, Sócrates?

SÓC.–¡Menudo abusón que estás hecho, Menón; mira que obligar a un viejo a dar respuesta a estos problemas, cuando tú mismo no quieres hacer memoria y contarme lo que Gorgias decía que era la virtud!

MEN.–Después de que me tú contestes a eso, Sócrates, te responderé yo.

---

8. Pródico es especialista en distinguir los sutiles matices que diferencian palabras de significados en apariencia idénticos. En varios pasajes Platón alude, no sin cierta ironía, a esta capacidad; cfr. *Protágoras* 337a o, por ejemplo, *Crátilo* 384b. Más adelante (96d7) habla de él como su maestro.

Sóc.–Incluso con los ojos vendados, Menón, cualquiera podría darse cuenta, conversando contigo, de que eres atractivo y de que aún cuentas con algunos amantes[9].

Men.–¿Por qué?

Sóc.–Porque no haces más que mandar en tus conversaciones, que es precisamente lo que hacen los niños malcriados, que se comportan como tiranos mientras les dura su lozanía. Y probablemente a la vez te habrás percatado de mi debilidad por los muchachos atractivos. De modo que voy a darte el gusto de contestarte.

Men.–Dame, pues, el gusto.

Sóc.–¿Quieres que te conteste al estilo de Gorgias, para que me puedas seguir más fácilmente?

Men.–Lo prefiero, cómo no.

Sóc.–¿No habláis, siguiendo a Empédocles[10], de las emanaciones de las cosas?

Men.–Precisamente.

Sóc.–¿Y de unos conductos hacia los cuales y a través de los cuales pasan esas corrientes?

Men.–Efectivamente.

Sóc.–¿Y de que unas emanaciones se ajustan a determinados conductos, mientras que otras son más pequeñas o más grandes?

Men.–Eso es.

---

9. Por edad, pues no debe de superar todavía los diecinueve, Menón está aún en disposición de tener amantes, antes de dejar de ser un *erómenos* («amado») y pasar a ser él mismo un *erastés* («amante»).

10. Empédocles, al igual que otros filósofos presocráticos, explicaba la percepción sensorial a partir de la emanación de partículas desde los objetos; unas partículas de un determinado tamaño afectarán al sentido de la vista y otras a otros órganos. Gorgias era discípulo de Empédocles.

Sóc.–¿Y no hay algo a lo que llamas vista?

Men.–Sí.

Sóc.–Pues, a partir de estos datos, *atiende a lo que te voy a decir,* como dijo Píndaro[11]. El color es, en efecto, una emanación de las figuras, abarcable y perceptible mediante la vista.

Men.–Me parece brillante, Sócrates, la respuesta que has dado.

Sóc.–Posiblemente porque se te ha contestado de un modo que te es familiar, y, al mismo tiempo, me imagino que te habrás dado cuenta de que a partir de ella podrías decir también qué es el sonido, el olfato y otras muchas cosas por el estilo.

Men.–Desde luego que sí.

Sóc.–La respuesta, Menón, es grandilocuente, de ahí que te agrade más que la de la figura.

Men.–Por lo que a mí respecta, así es.

Sóc.–Pues yo, hijo de Alexidemo, estoy convencido de que no es ésta mejor que aquélla; y creo que a ti tampoco te lo parecería si, según dijiste ayer, no tuvieras que marcharte forzosamente antes de los misterios y te pudieras quedar para llevar a cabo tu iniciación[12].

Men.–Pero me quedaría, Sócrates, si me contaras muchas cosas de este tipo.

Sóc.–Desde luego que no voy a escatimar ningún esfuerzo, tanto por ti como por mí, en referirte este tipo de

11. Cfr. Fr. 94 Bowra = 105 Snell.
12. La referencia a la iniciación en los misterios eleusinos puede actuar aquí como la imagen simbólica de la iniciación filosófica, imagen que se repite en *El banquete* 209e y *Gorgias* 497c, entre otros.

cosas; aunque no voy a ser capaz de contarte muchas. Pero, venga, intenta también tú cumplir tu promesa de decirme lo que es la virtud en términos generales. Deja, pues, de convertir en muchas cosas lo que es sólo una, como dicen los bromistas de los que siempre andan rompiendo algo. Así que déjala sana y salva y di qué es la virtud. Toma como modelo el ejemplo que te he ofrecido.

MEN.–En mi opinión, Sócrates, la virtud es, como dice el poeta[13], *disfrutar de las cosas bellas y poder*. Eso es lo que yo digo que es la virtud: que aquel que desee cosas bellas sea capaz de procurárselas.

SÓC.–¿Afirmas acaso que quien desea lo bello está deseoso de lo bueno?

MEN.–Absolutamente.

SÓC.–Comoquiera que hay quienes desean cosas malas y quienes desean cosas buenas, ¿te parece, mi excelente amigo, que no todos desean cosas buenas?

MEN.–Me parece que no.

SÓC.–¿Sino que hay quienes desean cosas malas?

MEN.–Sí.

SÓC.–¿Y qué dices, que las desean pensando que son buenas en lugar de malas, o perfectamente conscientes de que son malas?

MEN.–Ambas cosas, a mi entender.

SÓC.–¿De modo, Menón, que a ti te parece que hay quien sabiendo que lo malo es malo, sin embargo lo desea?

MEN.–Ciertamente.

SÓC.–¿A qué te refieres cuando dices «desear»? ¿A querer la posesión de algo?

---

13. Tal vez Simónides de Ceos.

MEN.–Claro, ¿a qué otra cosa? *d*

SÓC.–¿Juzgando que las cosas malas son útiles a aquel que las posee, o sabiendo que perjudican a quien las posee?

MEN.–Pues los hay que juzgan que las cosas malas son útiles, y los hay que saben que perjudican.

SÓC.–¿Y a ti te parece que los que juzgan que las cosas malas son útiles saben que las cosas malas son malas?

MEN.–No me lo parece en modo alguno.

SÓC.–Es evidente que ellos no desean cosas malas sino que, ignorantes de que lo son, desean aquellas que creen que son buenas pero que, sin embargo, son malas. *e* De tal forma que, ignorantes de ello y creyendo que son buenas, es evidente que desean cosas buenas. ¿O no?

MEN.–Puede que ésos sí.

SÓC.–¿Entonces qué? ¿Los que desean cosas malas, juzgando, como aseguras, que éstas perjudican a los que las poseen, saben acaso que van a ser perjudicados por ellas?

MEN.–Necesariamente.

SÓC.–¿Y no creen ésos que los perjudicados son unos 78*a* infelices por cuanto reciben perjuicio?

MEN.–Necesariamente también.

SÓC.–¿Y los infelices no son unos desgraciados?

MEN.–Eso pienso.

SÓC.–¿Es que hay alguien que quiera ser un infeliz y un desgraciado?

MEN.–No lo creo, Sócrates.

SÓC.–Por consiguiente, nadie quiere cosas malas si no quiere ser tal cosa. Entonces, ¿en qué es distinto ser un infeliz de desear cosas malas y obtenerlas?

MEN.–Puede que estés en lo cierto, Sócrates, y que na- *b* die quiera cosas malas.

Sóc.—¿No acabas de decir que la virtud es querer lo bueno y poder conseguirlo?

Men.—Eso he dicho.

Sóc.—Y, dicho lo cual, ¿no es propio de todos el hecho de desear, sin que a este respecto nadie sea mejor que otro?

Men.—Es evidente.

Sóc.—Está claro, pues, que si uno es mejor que otro, sería mejor con respecto al poder.

Men.—Muy claro.

Sóc.—Entonces, al parecer, y de acuerdo con tu razonamiento, la virtud es la capacidad de procurarse bienes.

Men.—Me parece, Sócrates que eso es así, punto por punto, como acabas de sostener.

Sóc.—Veamos si también tienes razón en lo siguiente, ya que probablemente estés en lo cierto: ¿afirmas que la virtud consiste en ser capaz de procurarse bienes?

Men.—Lo afirmo.

Sóc.—¿Y no llamas bienes a cosas como la salud y la riqueza?

Men.—Incluyo también conseguir oro y plata, además de honores y cargos públicos.

Sóc.—¿No consideras bienes a otras cosas aparte de las de este tipo?

Men.—No, solamente a las de este tipo.

Sóc.—Bien. Así que Menón, el huésped hereditario del Gran Rey[14], sostiene que la virtud consiste en procurarse

---

14. Se trata del rey de los persas, quien, para los griegos, gozaría de una riqueza proverbial; de ahí que, a tenor de lo que se habla en este pasaje, haga Sócrates alusión al privilegio heredado de ser acogido por el rey de Persia. En efecto, en la invasión de Grecia por parte de Jerjes (480 a. C.), muchos tesalios, entre los cuales los Alévadas, tomaron

oro y plata. ¿Y añades a dicha obtención «justa y santamente», o te es indiferente y aunque alguien se lo procure injustamente, sin embargo, tú lo sigues llamando virtud?

MEN.–Desde luego que no.

SÓC.–¿Vicio, entonces?

MEN.–Por supuesto.

SÓC.–Luego es necesario, según parece, que a esa obtención le acompañe la justicia, la sensatez, la santidad o algún otro componente de la virtud; porque, en caso contrario, no será virtud, por más que procure bienes.

MEN.–¿Cómo podría ser virtud sin esos ingredientes?

SÓC.–Pero el no procurarse oro y plata ni a sí mismo ni a otro cuando no sea justo, ¿no es esto mismo virtud, su no obtención?

MEN.–Evidentemente.

SÓC.–Luego en absoluto sería más virtud la obtención de tales bienes que su no obtención, sino que, según parece, virtud será lo que vaya acompañado de justicia, mientras que lo que carezca de todo lo anteriormente citado será vicio.

MEN.–Me parece que es forzosamente como dices.

SÓC.–Ahora bien, ¿no acabamos de afirmar hace un momento que cada una de ellas –la justicia, la sensatez y demás cosas de este tipo– formaba parte de la virtud?

MEN.–Sí.

SÓC.–Entonces, Menón, ¿me estás tomando el pelo?

MEN.–¿Por qué, Sócrates?

SÓC.–Porque, habiéndote pedido hace nada que no rompieras en pedazos la virtud y habiéndote ofrecido el

---

voluntariamente partido por los persas; cfr. Heródoto, *Historia* VII, 6, 2; 130, 3; 172-174.

ejemplo de cómo había que responder, no has hecho ni caso y me dices que la virtud consiste en ser capaz de procurarse bienes con justicia. ¿Y afirmas que ésta forma parte de la virtud?

MEN.–Así es.

SÓC.–De tu afirmación se colige que la virtud consiste en llevar a cabo aquello que se lleva a cabo con una parte de la virtud, puesto que aseguras que la justicia forma parte de la virtud, e igualmente cada uno de sus componentes. ¿Que por qué digo esto? Porque habiéndote pedido que me hablaras de la virtud como un todo, distas mucho de decirme en qué consiste y, además, afirmas que toda acción es virtud siempre que sea llevada a cabo con uno de sus componentes, como si ya hubieras referido en qué consiste, en términos generales, la virtud y yo ya lo supiera, siendo que tú la reduces a pedazos. Me parece, querido Menón, que vas a tener que abordar otra vez desde el principio la cuestión de qué es la virtud, y si toda acción acompañada de una parte de la virtud es virtud. En efecto, cuando alguien dice eso, está diciendo que toda acción acompañada de justicia es virtud. ¿O no te parece que sea preciso abordar de nuevo la misma cuestión, sino que cualquiera puede conocer un componente de la virtud cuando ni siquiera sabe en qué consiste?

MEN.–Me parece que no.

SÓC.–Porque, si recuerdas, cuando hace poco te respondía sobre la figura, rechazábamos ese tipo de respuesta que intenta dar una explicación mediante términos que aún están bajo examen y sobre los que todavía no hay acuerdo.

MEN.–Y con razón la rechazamos, Sócrates.

Sóc.–Ahora bien, mi excelente amigo, no creas tú que, tratando aún de buscar qué es la virtud como un todo, vas a poder explicársela a nadie si en su respuesta empleas las partes que la componen o con otro procedimiento del mismo estilo. Antes bien, es necesario volver a abordar la cuestión de en qué consiste esa virtud de la que hablas. ¿O no te parece bien lo que digo?

Men.–Me parece bien lo que dices.

Sóc.–Entonces, contéstame de nuevo desde el principio: ¿qué decís tú y tu amigo que es la virtud?

Men.–¡Ay, Sócrates; ya había oído yo antes de conocerte que no hacías otra cosa que ponerte en un aprieto a ti mismo y poner en un aprieto a los demás! Y ahora, según me parece, me tienes tan embrujado, hechizado y tan, simplemente, encantado que me encuentro absolutamente perplejo. Y además, si se me permite el juego de palabras, me resultas completamente idéntico, tanto en apariencia externa como en todos los demás aspectos, al torpedo[15], ese achatado pez marino que vuelve torpe a cualquiera que se le acerque o lo toque. Así es como me parece que me acabas de dejar: torpe. Porque, en verdad, me siento torpe en el alma y en la boca, y no acierto a contestarte. Y eso que habré pronunciado mil veces un montón de discursos acerca de la virtud y ante un gran auditorio, y exitosamente, según a mí me parecía. Pero ahora, ni siquiera sé decir en qué consiste. Me parece además una decisión acertada la de no haberte embarcado para marcharte a vivir fuera de aquí, porque ha-

---

15. *Torpedo marmorata* o raya eléctrica. La comparación apunta tanto a los efectos que produce Sócrates en su interlocutor, como a su apariencia física, debido a su ancho rostro y su nariz aplastada.

bitando como extranjero en otra ciudad y haciendo este tipo de cosas, ya te habrían encerrado por brujo.

SÓC.–Eres astuto, Menón, y por poco me engañas.

MEN.–¿Por qué, Sócrates?

c SÓC.–Conozco el motivo de tu comparación.

MEN.–¿Cuál crees que es?

SÓC.–Para que haga lo propio contigo. Sé perfectamente que a todas las personas hermosas les encanta que les comparen, ya que salen ganando, puesto que, en mi opinión, bellas son las imágenes de los bellos. Pero no te voy a devolver el cumplido. Por mi parte, si es estando torpe él mismo como el torpedo vuelve torpes a los demás, entonces me parezco a él; si no, no. Porque no es encontrándome yo en situación airosa como pongo en un aprieto a los
d demás, sino que es estando más apurado que ninguno cuando meto en un apuro al resto. Hoy por hoy desconozco qué es la virtud, mientras que tú muy posiblemente lo sabías hasta que entraste en contacto conmigo, pero, lo que es ahora, das la sensación de ignorarlo. Con todo, pretendo observar e indagar contigo cuál es su naturaleza.

MEN.–¿Y bajo qué pautas vas a indagar, Sócrates, acerca de aquello que en absoluto sabes lo que es? ¿Qué elemento de entre los que no conoces vas a proponer como objeto de indagación? Y aunque, en el mejor de los casos, des con ello, ¿cómo vas a saber que se trata de aquello que no conocías?

SÓC.–Entiendo lo que quieres decir, Menón. ¿Te das
e cuenta del argumento tan controvertido que acabas de introducir, a saber: que al ser humano no le es posible indagar ni acerca de lo que sabe ni de lo que no sabe? En efecto: ni va a indagar sobre lo que sabe, dado que lo sabe y no

tiene necesidad de indagar sobre ello; ni lo va a hacer sobre lo que no sabe, dado que desconoce sobre qué indagar.

MEN.–¿Y acaso no te parece que se trate de un buen argumento?

SÓC.–No me lo parece.

MEN.–¿Sabrías decir por qué?

SÓC.–Sí. Se lo he oído a mujeres y a hombres sabios a propósito de cuestiones divinas.

MEN.–¿Y qué decían?

SÓC.–Algo verdadero, en mi opinión, y bello.

MEN.–¿El qué? ¿Quiénes lo dicen?

SÓC.–Cuantos sacerdotes y sacerdotisas se han preocupado por tratar de dar una explicación acerca del objeto de su ministerio. Pero también lo dice Píndaro y muchos otros divinos poetas. Y lo que dicen es esto; mira si te parece que dicen la verdad. Aseguran que el alma del hombre es inmortal; unas veces llega a su fin –a lo que llaman morir–, otras vuelve a nacer, pero nunca perece: por ese motivo es necesario pasar la vida de la manera más santa posible, ya que aquellos de quien

> *Perséfone el precio de su antiguo yerro*
> *se ha cobrado, al sol en lo alto en el año noveno*
> *les devuelve su alma de nuevo,*
> *para que de ellas surjan reyes gloriosos,*
> *varones de brío pujante y grandioso saber,*
> *a quienes por los tiempos venideros*
> *los hombres habrán de llamar héroes sagrados*[16].

16. Cfr. Fr. 127 Bowra = 133 Snell. El «noveno año» puede hacer referencia a los nueve años de destierro a los que es condenado un dios

De este modo, siendo el alma inmortal y habiendo nacido muchas veces y visto todas las cosas, tanto aquí como en el Hades, no hay nada que no haya aprendido. Por tanto, no es de extrañar que sea capaz de recordar, en lo tocante a la virtud y al resto de cosas, lo que sin duda ya antes sabía. En efecto, siendo la naturaleza en su totalidad semejante, y habiéndolo aprendido todo el alma, nada impide que alguien, con recordar una sola cosa –lo que los hombres denominan aprendizaje–, descubra él mismo todo lo demás, siempre que se trate de alguien audaz e infatigable a la hora de investigar. Así es, investigar y aprender es, sin más, una reminiscencia. No debemos, pues, atender a dicho argumento controvertido; ya que mientras ése nos hace indolentes y resulta grato de escuchar para la gente ociosa, este otro nos hace activos y proclives a investigar. Y es en la confianza de que es verdadero por lo que deseo indagar contigo acerca de lo que es la virtud.

MEN.–Bien, Sócrates, pero ¿cómo es que afirmas que no aprendemos, sino que lo que nosotros denominamos aprendizaje es reminiscencia? ¿Me podrías enseñar cómo es eso?

SÓC.–Ya te he dicho, Menón, que eres astuto, y ahora me preguntas si puedo enseñarte, yo, que afirmo que no existe enseñanza alguna, sino reminiscencia, para que de repente aparezca sosteniendo justo lo contrario.

MEN.–Por Zeus, Sócrates, que no lo he dicho con esa intención, sino por costumbre; pero si de alguna

---

que jure en falso por la Estige; cfr. Hesíodo, *Teogonía* 793 ss. Es, en efecto, una suerte de destierro el que sufren las almas hasta que vuelven a resurgir gozando de un estatus superior.

manera me puedes explicar que es como dices, explícamelo.

SÓC.–No es fácil, pero por ti quiero, no obstante, poner en ello todo mi empeño. Llámame a uno de esos criados tuyos de ahí, al que quieras, para que te lo explique a través suyo.

MEN.–De acuerdo. ¡Tú, ven aquí!

SÓC.–¿Es griego y habla griego?

MEN.–A la perfección; nació en casa.

SÓC.–Pues presta atención a ver si te parece que recuerda o que aprende de mí.

MEN.–Prestaré atención.

SÓC.–Dime, muchacho, ¿sabes que un cuadrado es así [ABCD]?[17]

ESCLAVO.–Sí, lo sé.

SÓC.–Así que un cuadrado tiene todos sus lados, que son cuatro, iguales [AB, BC, CD, AD], ¿no?

ESC.–Claro.

SÓC.–¿Y no son también iguales las líneas que cruzan por el medio [EG, FH]?

ESC.–Sí.

---

17. Sócrates, a partir de un cuadrado inicial, irá trazando de forma gradual diferentes líneas que desembocarán en el resultado que aquí ofrecemos:

Sóc.–¿Y una superficie como ésta no puede ser más grande o más pequeña?

Esc.–Claro que sí.

Sóc.–Por consiguiente, si este lado es de dos pies, y éste de otros dos, ¿cuántos pies tendría el total? Fíjate en esto: si por aquí fuera de dos pies [BC, p. ej.] y por ahí de uno sólo [AE, p. ej.], ¿no sería una superficie de sólo una vez dos pies?

Esc.–Sí.

d Sóc.–Pero ya que también por ahí es de dos pies, ¿no se trata de una superficie de dos veces dos pies?

Esc.–Sí.

Sóc.–Así que es de dos veces dos pies, ¿no?

Esc.–Sí.

Sóc.–¿Y cuánto es dos veces dos pies? Echa la cuenta y dímelo.

Esc.–Cuatro, Sócrates.

Sóc.–¿Y no puede existir otra superficie el doble que ésta, pero de las mismas características, es decir, con las líneas iguales, como ésta?

Esc.–Sí.

Sóc.–¿De cuántos pies será?

Esc.–De ocho.

e Sóc.–Venga; intenta decirme cómo será de grande cada una de sus líneas. Porque las de éste tienen dos pies, ¿pero las del doble?

Esc.–Está claro que serán el doble, Sócrates.

Sóc.–¿Te das cuenta, Menón, de que yo no le enseño nada, sino que le pregunto todo? Y ahora él se piensa que sabe cómo es la línea de la que saldrá una superficie de ocho pies. ¿No te parece?

MEN.–Sí.

SÓC.–¿Pero lo sabe?

MEN.–Desde luego que no.

SÓC.–¿Se piensa que saldrá de una línea el doble de grande que la otra?

MEN.–Así es.

SÓC.–Pues observa cómo va a ir haciendo memoria de cómo debe recordar. *(Al esclavo.)* Tú, dime: ¿afirmas que de la línea doble sale una superficie doble? Me refiero a que no será larga por aquí y corta por ahí, sino igual por todas partes; como ésta [ABCD], pero el doble, es decir, de ocho pies. Mira a ver si todavía te parece que esa superficie saldrá de una línea doble.

83*a*

ESC.–Sí que me lo parece.

SÓC.–¿Y no será esta línea [AJ] el doble de larga [AB], si la prolongamos por aquí [B] otro tanto de lo que medía aquélla [BJ]?

ESC.–Claro que sí.

SÓC.–Y dices que de esta línea saldrá una superficie de ocho pies, si hay cuatro líneas iguales.

ESC.–Sí.

SÓC.–Dibujemos, entonces, desde ella, cuatro líneas iguales [AJ, JL, LN, NA]; ¿no va a salir el cuadrado de ocho pies que tú dices [AJLN]?

b

ESC.–Exactamente.

SÓC.–¿Y dentro de él no están estos cuatro [ABCD, BJKC, CKLM, DCNM], cada uno de los cuales es igual al de cuatro pies [ABCD]?

ESC.–Sí.

SÓC.–¿Cuánto mide? ¿No es cuatro veces su tamaño?

ESC.–Así es.

Sóc.–¿Y es doble lo que es cuatro veces más grande?

Esc.–No, por Zeus.

Sóc.–¿Qué es lo que es cuatro veces mayor?

Esc.–El cuádruple.

c Sóc.–Entonces, muchacho, de la línea doble no resulta una superficie doble, sino cuádruple.

Esc.–Es verdad.

Sóc.–Porque cuatro veces cuatro son dieciséis, ¿no?

Esc.–Sí.

Sóc.–¿De qué línea sale el cuadrado de ocho pies? Con ésta nos sale el cuádruple, ¿no es así?

Esc.–Eso decía.

Sóc.–¿Y esta cuarta parte [ABCD] sale de la mitad de esta línea de aquí [AB]?

Esc.–Sí.

Sóc.–Bien; pero el cuadrado de ocho pies, ¿no es el doble que éste [ABCD], pero la mitad que este otro [AJLN]?

Esc.–Sí.

d Sóc.–¿Y no resultará de una línea mayor que ésta [AB] pero menor que ésta de aquí [AJ]? ¿O no?

Esc.–Eso creo.

Sóc.–Perfecto, porque lo que tú creas es lo que has de contestar. Dime entonces: ¿no medía dos pies esta línea [AB] y cuatro la otra [AJ]?

Esc.–Sí.

Sóc.–Es preciso, entonces, que la línea del cuadrado de ocho pies sea mayor que ésta de dos y menor que la de cuatro.

Esc.–Necesariamente.

e Sóc.–Intenta ahora decir de qué tamaño aseguras que será ésta.

Esc.–De tres pies.

Sóc.–Ahora bien, si va a ser de tres pies, ¿habremos de añadir la mitad de ésta [AB] para que sean tres pies? Porque esto de aquí [AB] suma dos pies, y esto [BP] uno; y por aquí, lo mismo: esto [AD] suma dos pies y esto uno [DR], y así resulta la superficie que dices [APQR].

Esc.–Sí.

Sóc.–Porque si tienes tres por aquí y tres por ahí, ¿el cuadrado entero no será de tres veces tres pies?

Esc.–Está claro.

Sóc.–¿Cuántos son tres por tres pies?

Esc.–Nueve.

Sóc.–¿Y cuantos pies tenía que medir el cuadrado doble?

Esc.–Ocho.

Sóc.–Entonces, de la línea de tres pies no nos sale una superficie de ocho.

Esc.–Ciertamente no.

Sóc.–¿De cuál, pues? Intenta decírnoslo con exactitud; y si no te apetece echar cuentas, señálanosla.

Esc.–Pues, por Zeus, Sócrates, que no lo sé.

Sóc.–¿Te das cuenta de nuevo, Menón, de en qué punto se encuentra ya el muchacho en el camino de la reminiscencia? Porque al principio no sabía cuál era la línea de la superficie de ocho pies, como tampoco ahora lo sabe, y, sin embargo, creía entonces saber cuál era y contestaba resueltamente, como si lo supiera, y juzgaba que no constituía ningún problema; mientras que ahora considera que sí lo constituye y, dado que no lo sabe, tampoco cree saberlo.

MEN.–Verdad dices.

SÓC.–¿Y no se encuentra ahora en mejor posición con respecto al problema que no sabía resolver?

MEN.–Eso me parece.

SÓC.–¿Y acaso por ponerle en un aprieto y entorpecerle, como el torpedo, le hemos causado un daño?

MEN.–En mi opinión, no.

SÓC.–Entonces, según parece, le hemos procurado un buen servicio en lo tocante a la resolución del problema. Ahora, incluso, al no saber, indagará por gusto, mientras que antes fácilmente hubiera considerado que estaba en lo cierto al decir que el cuadrado doble ha de tener una línea que sea el doble en extensión.

MEN.–Eso parece.

SÓC.–¿Y piensas que habría intentado investigar y aprender aquello que, sin saberlo realmente, creía saber, si antes no se hubiera dado de bruces ante esta dificultad y, dándose cuenta de que no sabía, le hubiera venido el deseo de saber?

MEN.–Me temo que no, Sócrates.

SÓC.–¿Ha salido ganando con su torpeza?

MEN.–Eso me parece.

SÓC.–Entonces presta atención a lo que, como consecuencia de dicha perplejidad, va a ir descubriendo a medida que investiga conmigo, sin que yo haga otra cosa más que limitarme simplemente a hacerle preguntas, en lugar de enseñarle.

Vigila a ver si me descubres aleccionándole en alguna cosa o haciéndole cualquier indicación en lugar de preguntarle únicamente por lo que opina.

(Al esclavo.) Contéstame, muchacho: ¿No tenemos aquí un cuadrado de cuatro pies [ABCD]?[18] ¿Me sigues?

Esc.–Te sigo.

Sóc.–¿Podemos añadirle a éste otro igual [BJKC]?

Esc.–Sí.

Sóc.–¿Y aún un tercero igual a cada uno de los otros [DCMN]?

Esc.–Sí.

Sóc.–¿Y no podríamos completar también esta esquina [CKLM]?

Esc.–Por supuesto.

Sóc.–¿No quedarían así estos cuatro cuadrados iguales?

Esc.–Sí.

Sóc.–¿Entonces, qué? ¿Cuántas veces es mayor este conjunto [AJLN] que éste [ABCD]?

Esc.–Cuatro veces.

Sóc.–Pero nosotros queríamos que fuera doble, ¿no te acuerdas?

Esc.–Claro que sí.

Sóc.–Y esta línea que cruza de una esquina a otra [BD], ¿no parte en dos mitades cada uno de estos cuadrados?

18. Sócrates dibuja una nueva figura, bien borrando la anterior, bien dibujando otra al lado:

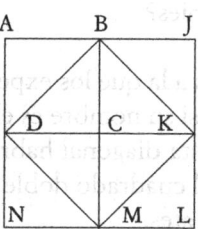

Esc.–Sí.

Sóc.–¿Acaso no son estas cuatro [BD, BK, DM, KM] las líneas iguales que forman el contorno de esta superficie [BKMD]?

Esc.–Lo son, en efecto.

Sóc.–Mira ahora, ¿cómo de grande es esta superficie?

Esc.–No entiendo.

Sóc.–De estos cuatro cuadrados, ¿no ha cortado cada una de las líneas de dentro la mitad de cada uno? ¿No es así?

Esc.–Sí.

Sóc.–Entonces, ¿cuántas mitades de este tamaño [BCD] hay en este espacio [BKMD]?

Esc.–Cuatro.

Sóc.–¿Y cuántas en éste [ABCD]?

Esc.–Dos.

Sóc.–¿Y qué son cuatro con respecto a dos?

Esc.–El doble.

Sóc.–Por tanto, ¿cuántos pies tiene este espacio [BKMD]?

Esc.–Ocho.

Sóc.–¿A partir de qué línea?

Esc.–De ésta [BD].

Sóc.–¿De la que se extiende de una esquina a otra de la figura de cuatro pies?

Esc.–Sí.

Sóc.–Pues ésta es a la que los expertos llaman «diagonal», de modo que si su nombre es el de diagonal, esclavo de Menón, de esta diagonal habrá de resultar, según lo que tú afirmas, el cuadrado doble.

Esc.–Cierto, Sócrates.

Sóc.—¿Qué te parece, Menón? ¿Ha dado éste como respuesta alguna opinión que no fuese suya?

Men.—No, todas eran suyas.

Sóc.—Y sin embargo, lo desconocía, según acabamos de afirmar.

Men.—Verdad dices.

Sóc.—Pero dichas opiniones estaban dentro de él, ¿o no?

Men.—Sí.

Sóc.—Entonces, ¿puede haber en el que no sabe, al respecto de aquello que no sepa, opiniones verdaderas acerca de lo que no sabe?

Men.—Aparentemente sí.

Sóc.—Y, ahora, como en un sueño, acaban de suscitársele tales pareceres. Sabes también que si se le continúa haciendo repetidamente y de distintas maneras las mismas preguntas, acabará adquiriendo un conocimiento sobre ellas tan cumplido como cualquiera.

Men.—Eso parece.

Sóc.—¿Acaso no adquirirá conocimiento sin que nadie le enseñe, sólo mediante preguntas, rescatando de sí mismo ese conocimiento?

Men.—Sí.

Sóc.—¿Y rescatar el conocimiento a partir de uno mismo no es recordar?

Men.—Ciertamente.

Sóc.—¿Y no es cierto que el conocimiento que ahora posee, o bien lo adquirió en alguna ocasión, o bien lo ha tenido siempre?

Men.—Sí.

Sóc.—En caso de que lo haya tenido siempre, también siempre ha sido sabio. Pero si lo adquirió en alguna ocasión, no puede haberlo obtenido en esta vida; ¿o es que alguien le ha enseñado geometría? Porque él procederá del mismo modo tanto en cualquier ejercicio de geometría como en todas las demás materias. ¿Hay alguien que le haya enseñado todo? Tú tienes que saberlo, pues no en vano ha nacido y se ha criado en tu casa.

MEN.–Me consta que nadie le ha enseñado nunca.

SÓC.–Sin embargo, esas opiniones son suyas, ¿o no?

MEN.–Es obvio que a la fuerza, Sócrates.

SÓC.–Y si no las ha adquirido en su presente vida, ¿no está claro que las adquirió y aprendió en otro tiempo?

MEN.–Parece ser.

SÓC.–¿Acaso no es ése el tiempo en que él aún no existía como hombre?

MEN.–Así es.

SÓC.–En consecuencia, si tanto en el tiempo en que es hombre como en el que no lo es, residen en él opiniones verdaderas que, despertadas por medio de preguntas, se convierten en conocimientos, ¿no habrá estado su alma en posesión de este saber siempre y en todo tiempo? Pues está claro que durante la totalidad del tiempo o existe o no existe como hombre.

MEN.–Evidentemente.

SÓC.–¿Y no ocurre que si en nuestra alma reside siempre la verdad de las cosas, ésta ha de ser inmortal, de modo que sea necesario tratar de investigar y recordar resueltamente aquello que ahora ignoras, esto es, aquello de lo que no guardas memoria?

MEN.–No sé por qué, Sócrates, pero me da la impresión de que dices bien.

Sóc.–También a mí me da esa impresión, Menón. Sin duda, hay ciertos aspectos de esta argumentación sobre los que no insistiría mucho; sin embargo, convencidos como estamos de que es necesario investigar lo que se desconoce con el objeto de ser mejores, más arrojados y menos indolentes, antes que pensar que lo que no sabemos, ni es posible descubrirlo ni hay por qué investigarlo, por esto sí que estaría bien dispuesto a pelear, si me fuera posible, de palabra y de obra.

Men.–También en eso me parece que dices bien, Sócrates.

Sóc.–Y ya que estamos de acuerdo en que hay que investigar sobre lo que no se sabe, ¿quieres que tratemos de indagar conjuntamente qué es la virtud?

Men.–Por supuesto que sí. No obstante, Sócrates, me encantaría investigar y oír precisamente aquello que te pregunté al principio, si hay que abordar la virtud como algo enseñable o como algo que surge en los hombres de forma natural o de cualquier otro modo.

Sóc.–Si yo ejerciera, Menón, algún poder, no sólo sobre mí, sino también sobre ti, no nos centraríamos en primer lugar en si la virtud es enseñable o no es enseñable, hasta que hubiéramos investigado antes que nada en qué consiste ella misma. Pero como, sin duda, tú no tienes intención de ejercer ningún poder sobre ti mismo, a fin de seguir siendo libre, mientras que sobre mí sí que intentas ejercerlo y lo ejerces, te lo consentiré; qué le voy a hacer. Parece ser que hemos de considerar cómo es aquello que aún no sabemos lo que es. Pero, al menos cédeme un poco de tu poder y permíteme evaluar a partir de una hipótesis si la virtud es enseñable o cómo es. Con

87a «a partir de una hipótesis» me refiero al modo en que normalmente proceden los geómetras cuando, a propósito de una figura, se les pregunta, por ejemplo, si es factible inscribir un triángulo dentro de este círculo[19]. La respuesta vendría a ser ésta: «Desconozco aún si eso es así, pero opino que ante esta cuestión nos puede resultar de utilidad la siguiente hipótesis: si esta superficie es tal que al aplicarla a la línea dada del círculo deja un espacio de iguales proporciones al que se ha aplicado, se derivará, en mi opinión, un resultado, pero si es imposible que se produzca ese resultado, se producirá otro distinto. Es,

---

[19]. El pasaje que viene a continuación es extremadamente oscuro, principalmente por la parquedad de Platón a la hora de ofrecernos detalles para la reconstrucción del problema que propone. De hecho, lo que pretende Platón es ilustrar el procedimiento hipotético, no la solución del problema en sí. Con todo, han sido muchos los intentos de interpretar el pasaje –para una circunstanciada exposición de las diversas interpretaciones, cfr. A. Ruiz de Elvira, *Platón. Menón*, Madrid 1958, p. 36, nota *ad loc.*–, entre los que exponemos el siguiente: partiendo de la figura anterior, se traza un círculo que, tocando los vértices del cuadrado ABCD, tendría su diámetro («la línea dada del círculo») en la línea BD, que, a su vez, sería la hipotenusa del triángulo en cuestión: BCD. De este modo, dicho triángulo rectángulo quedaría inscrito dentro del círculo si, efectivamente, la hipotenusa de aquél y el diámetro de éste coincidieran. Asimismo, el triángulo ABD sería el «espacio de iguales proporciones al que se ha aplicado». A saber:

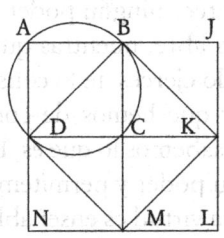

por tanto, a través de una hipótesis como yo quiero exponerte el resultado de si es o no posible la inscripción de esta figura en el círculo». De manera que, en lo que respecta a la virtud y dado que no sabemos ni qué es ni cómo, así es como también nosotros habremos de considerar si es o no es enseñable, es decir, partiendo de una hipótesis. A estos efectos, alegaríamos lo siguiente: ¿qué clases de cosa relacionada con el alma ha de ser la virtud para que sea enseñable o no lo sea? En primer lugar, si es algo de una índole diversa al conocimiento, ¿es enseñable o no, o, como decíamos hace apenas un rato, recordable? Pero empleemos indistintamente los dos términos: ¿es acaso enseñable? ¿O todo el mundo tiene claro que el hombre no recibe otra enseñanza que el conocimiento?

MEN.–Eso creo yo.

SÓC.–Entonces, si la virtud es un tipo de conocimiento, está claro que ha de ser enseñable.

MEN.–Cómo no.

SÓC.–Este punto, entonces, lo hemos zanjado de un plumazo: si la virtud es de tal forma, es enseñable; si es de tal otra, no.

MEN.–Ciertamente.

SÓC.–A continuación, debemos centrarnos, al parecer, en si la virtud es conocimiento o algo distinto del conocimiento.

MEN.–Creo, en efecto, que es en eso en lo que debemos centrarnos a continuación.

SÓC.–¿Qué entonces? ¿No estamos afirmando que la virtud es algo bueno y perseverando en la hipótesis de que se trata de un bien?

MEN.–En efecto.

SÓC.–Luego en el caso de que exista un bien distinto al margen del conocimiento, podría darse que la virtud no fuera un conocimiento; sin embargo, si no hay ningún bien que el conocimiento no abarque, al establecer la hipótesis de que la virtud es un tipo de conocimiento estaríamos ante una suposición correcta.

MEN.–Eso es.

SÓC.–¿Somos, entonces, buenos por obra de la virtud?

MEN.–Sí.

e SÓC.–Y, si buenos, también provechosos, porque todo lo bueno es provechoso, ¿no?

MEN.–Sí.

SÓC.–¿Y la virtud también es provechosa?

MEN.–A la fuerza, según lo acordado.

SÓC.–Consideremos, tomándolas una por una, cuáles son las cosas que nos resultan de provecho. Pongamos que la salud, la fuerza, la belleza y la riqueza. De estas y de otras cosas por el estilo decimos que son de provecho, ¿no?

MEN.–Sí.

88a SÓC.–Pero de esas mismas cosas afirmamos que en ocasiones también perjudican, ¿en tu opinión, eso es así o de otra manera?

MEN.–No, de esa manera.

SÓC.–Observa ahora qué es lo que dirige a cada una de esas cosas cuando nos son de provecho, y qué cuando nos perjudican. ¿No resultarán de provecho cuando el uso que hacemos de ellas es el correcto y perjudiciales cuando no?

MEN.–Ciertamente.

Sóc.–Más aún; consideremos las cosas relativas al alma. ¿Hay algo a lo que llames sensatez, equidad, valentía, inteligencia, memoria, grandeza y todas las demás cosas por el estilo?

Men.–Lo hay.

b

Sóc.–Considera, ahora, cuántas de estas cosas que te parece que no son conocimiento, sino algo distinto al conocimiento, nos son perjudiciales unas veces y de provecho otras. La valentía, por ejemplo, que en caso de que no entrañase entendimiento, no sería sino una especie de temeridad: ¿no resulta perjudicada una persona ante la temeridad irreflexiva y beneficiada cuando va acompañada de reflexión?

Men.–Sí.

Sóc.–¿Acaso no ocurre lo mismo con la sensatez y la inteligencia, que lo que se aprende y se dispone acompañado de reflexión resulta de provecho, pero dañino si se hace irreflexivamente?

Men.–Por descontado.

c

Sóc.–En pocas palabras, ¿todas las empresas y avatares del alma, si son guiadas por el entendimiento, desembocan en dicha, pero en todo lo contrario si son guiadas por la sinrazón?

Men.–Parece ser.

Sóc.–Entonces, si la virtud es algo que reside en el alma y que por fuerza ha de ser provechoso, debe tratarse del entendimiento desde el momento en que todas las cosas que atañen al alma no son ni provechosas ni dañinas en sí mismas, sino que resultarán beneficiosas o perjudiciales dependiendo de si van acompañadas de entendimiento o de sinrazón. Según este planteamien-

d

to, la virtud, provechosa como es, ha ser una forma de entendimiento.

MEN.–Estoy de acuerdo.

SÓC.–Y lo mismo con las demás cosas –riqueza y similares– de las que acabamos de decir que unas veces son buenas, pero, otras, dañinas. Pues, ¿acaso no sucede que, al igual que en el resto del alma, es el entendimiento el que, al asumir la dirección, hace útiles las cosas del alma, mientras que si la asume la sinrazón las hace perjudiciales, y así sucesivamente, que cuando el alma las utiliza y dirige correctamente, las hace útiles, pero, de lo contrario, perjudiciales?

MEN.–Ciertamente.

SÓC.–Entonces, ¿dirige adecuadamente el alma prudente, pero de manera errónea la imprudente?

MEN.–Eso es.

SÓC.–De modo que, en términos generales, se podría decir que, en el hombre, todo lo demás depende del alma, mientras que las cosas del propio alma, si han de ser buenas, dependen del entendimiento. Y según este razonamiento, lo provechoso habrá de ser el entendimiento. ¿Y la virtud? ¿Diremos que es provechosa?

MEN.–Por supuesto.

SÓC.–Entonces estamos afirmando que el entendimiento es virtud, en todo o en parte.

MEN.–Me parece excelente tu argumentación, Sócrates.

SÓC.–Si eso es así, los hombres de bien no lo serán por naturaleza.

MEN.–Me parece que no.

SÓC.–Esto es, efectivamente, lo que ocurriría: si los hombres de bien lo fueran por naturaleza, contaríamos con gente capaz de discernir de entre los jóvenes a aquellos que son buenos por naturaleza, y con las indicaciones de esas personas, los cogeríamos y los pondríamos a buen recaudo en la acrópolis, grabándoles nuestro sello con más celo que si se tratara de oro[20], para que nadie los echara a perder, sino que, llegados a la edad adecuada, pudieran ser útiles a la ciudad.

MEN.–Es probable, Sócrates.

SÓC.–Por tanto, si los hombres de bien son buenos no por naturaleza, ¿lo son acaso por educación?

MEN.–Cada vez me parece más necesario que así sea; porque está claro, Sócrates, que si, de acuerdo con nuestra hipótesis, la virtud es conocimiento, ésta es enseñable.

SÓC.–Tal vez, por Zeus; pero, ¿y si habíamos llegado a una conclusión equivocada?

MEN.–Sin embargo, hace un momento parecía que decíamos lo correcto.

SÓC.–Sí, pero no sólo hace falta que parezca que decíamos lo correcto hace un momento, sino también ahora y dentro de un rato, si es que la conclusión ha de ser cierta.

MEN.–¿Entonces qué? ¿Con qué objeto rechazas esta idea y pones en duda que la virtud sea conocimiento?

SÓC.–Te lo diré, Menón. Sobre que la virtud sea enseñable, cuando precisamente se trata de conocimiento, no voy a retirar que esté bien dicho. Sin embargo, considera ahora si te parece razonable que albergue mis dudas acerca de que sea conocimiento. Porque dime: si

---

20. En las ciudades griegas, el tesoro de la ciudad era guardado en los templos de la acrópolis. Por otra parte, se marcaba la moneda con el objeto de evitar su adulteración.

cualquier materia, no sólo la virtud, es enseñable, ¿no sería necesario que hubiera maestros y alumnos de ella?

e   MEN.–Me parece a mí.

SÓC.–Y a la inversa; de aquello que no hay ni maestros ni alumnos, ¿no supondríamos bien si supusiésemos que no es enseñable?

MEN.–Eso es así, ¿pero es que acaso opinas que no hay maestros de la virtud?

SÓC.–A menudo he indagado si existen tales maestros, pero a pesar de mis muchos esfuerzos no he logrado encontrarlos. Y eso que los busco en compañía de mucha gente a la que considero especialmente cualificada para esta tarea. Pero mira por dónde, Menón, Ánito[21] ha venido a sentarse a nuestro lado justo en el momento oportuno; vamos a hacerle partícipe de nuestras pesquisas. Será razonable que así lo hagamos. En efecto, en primer lugar Ánito es hijo de un padre rico e instruido, Antemión, que se hizo rico no de forma casual ni porque nadie le diera nada, como recientemente acaba de sucederle a Ismenias de Tebas, que ha recibido la fortuna de Polícrates[22]. Antemión, en cambio, lo ha logrado por medio de su propio saber y dedicación. En segundo lugar, nunca ha dado la impresión de ser un ciudadano soberbio e insolente o insoportable, sino un hombre modesto y sencillo.

90*a*

b

---

21. Ánito será, como se sabe, el principal promotor de la acusación de Sócrates; cfr. *Apología*. Su padre Antemión, cuyas excelencias Sócrates expone a continuación, era un próspero comerciante de cueros.
22. Ismenias fue dirigente del partido antiespartano en Tebas. Por su parte, Polícrates fue, además de un retórico, un destacado partidario de la causa democrática en Atenas. En ese sentido, Polícrates habría financiado las actividades antiespartanas de Ismenias.

Y en tercer lugar, porque lo ha criado y educado adecuadamente, en opinión del común de los atenienses, toda vez que lo eligen para los más altos cargos. Justo será, entonces, que indaguemos en compañía de este tipo de personas la cuestión de si hay o no hay maestros de virtud y quiénes son. Únete, pues, Ánito, a nosotros en la investigación que, tanto tu huésped Menón como yo, estamos llevando sobre este asunto de quiénes serían los *c* maestros. Considera este particular: si quisiéramos que Menón, aquí presente, llegara a ser un buen médico, ¿con qué maestros le mandaríamos? ¿No sería con los médicos?

ÁNITO.–Cierto.

SÓC.–Y si quisiéramos que se convirtiera en un buen zapatero, ¿no le mandaríamos con los zapateros?

ÁNI.–Sí.

SÓC.–¿Y así con lo demás?

ÁNI.–Cierto.

SÓC.–Pero dime al respecto de esto mismo una vez más: si queremos, decíamos, que se haga médico, al mandarle con los médicos estaremos procediendo adecuadamente, y cuando decimos esto, ¿no estamos afirmando que *d* actuamos cabalmente al enviarlo antes con aquellos que ejercen dicha profesión que con los que no, y con los que perciben un salario a tal efecto ofreciéndose como maestros de todo aquel que quiera ir a aprender junto a ellos? ¿Acaso no se lo mandaríamos a ellos tras haber sopesado estas cuestiones?

ÁNI.–Sí.

SÓC.–¿No ocurre acaso lo mismo con el arte de tocar la flauta y los demás instrumentos? Menuda necedad se- *e* ría que quienes pretendan convertir a alguien en flautista no quisieran mandarle con quienes se dedican a enseñar su técnica y perciben por ello una retribución, y plantearan el problema a otros distintos, con el objeto de que éste aprenda de ellos, que ni pretenden ser maestros, ni cuentan con un solo alumno para esa materia que nosotros juzgamos conveniente que aprenda aquel a quien les hemos encomendado. ¿No te parece que sería una gran tontería?

ÁNI.–Sí me lo parece, por Zeus; y una estupidez, además.

91a SÓC.–Dices bien. El caso es que ahora nos es posible deliberar en común acerca de tu huésped Menón, aquí presente. De hecho, Ánito, lleva un buen rato diciéndome que ansía ese saber y esa virtud mediante la cual los hombres administran adecuadamente sus haciendas y sus ciudades, y por la que cuidan a sus progenitores, b y acogen y despiden a ciudadanos y forasteros como cuadra a un hombre de bien. Pero, a propósito de esa virtud, considera ahora con quién haríamos bien en enviarlo. ¿No está claro, de acuerdo con nuestra reciente argumentación, que con aquellos que alegan ser maestros de virtud y que se ofrecen públicamente a cualquier griego con deseos de aprender, fijando y percibiendo un salario por ello?

ÁNI.–¿Y de quiénes dices que se trata, Sócrates?

SÓC.–Bien sabes tú que se trata de aquellos a los que llaman sofistas[23].

---

23. En un principio el sofista no era sino el experto en una determinada materia de índole tanto teórica como práctica. Paulatinamente,

ÁNI.–¡Por Heracles, Sócrates, no sigas por ahí! Que ninguno de mis allegados, ni familiares ni amigos, ni vecino ni forastero, le venga una locura tan grande como para recurrir a ellos y caer en esa desgracia, porque son, desde luego, una desgracia manifiesta y la perdición de quienes les frecuentan.

Sóc.–¿Cómo dices, Ánito? ¿Es que acaso de entre los que se arrogan la capacidad de obrar algo benéfico son ellos los únicos que se diferencian de los demás hasta el punto de no sólo no ser de utilidad, como el resto, para aquello que se les confía, sino que, por el contrario, lo echan a perder? ¿Y por ello exigen abiertamente el pago de dinero? Yo desde luego no sé cómo voy a creerte, porque conozco a un hombre, Protágoras[24], que ha ganado más dinero por medio de este saber que Fidias[25], que tan magníficas obras de arte llevó a cabo para su gloria, y que otros diez escultores más. Inaudito es eso que dices, pues si los que se dedican a remendar zapatos vie-

---

el término fue desplazándose hacia la esfera intelectual, con lo que acabaría tocándose en algunos puntos con el de filósofo. Tanto es así, que, a nivel popular, los filósofos están confundidos con los sofistas. Las diferencias entre unos y otros están, sin embargo, bien establecidas: en términos generales, los filósofos buscan un conocimiento objetivo de la realidad, mientras que los sofistas se centran en los saberes prácticos. Uno de los rasgos de los sofistas era que cobraban, en tanto que «profesionales del saber», cuantiosas sumas de dinero por sus enseñanzas.

24. Protágoras de Abdera (*ca.* 480-410) es el máximo representante de la sofística. Suya es la máxima «El hombre es la medida de todas las cosas».

25. Fidias, el gran escultor. Su colosal Atenea Prómaco, colocada en la Acrópolis de Atenas, medía quince metros de altura y estaba hecha de bronce. Por su parte, el Zeus de Olimpia medía doce metros y estaba fabricado de oro y marfil.

jos y a zurcir mantos devolvieran los mantos y los zapatos más estropeados que cuando los recibieron, no aguantarían sin ser descubiertos ni treinta días, sino que, de obrar así, se morirían inmediatamente de hambre. En cambio, Protágoras se ha pasado más de cuarenta años echando a perder a los que le frecuentaban y devolviéndolos más estropeados que cuando se hizo cargo de ellos sin que nadie en toda Grecia se percatara. En efecto, creo que murió cuando ya rondaba los setenta años de edad, y cuarenta de oficio. Y durante todo este tiempo, llegando hasta el día de hoy, no ha dejado de gozar de gran reputación. Pero no sólo Protágoras, sino también muchísimos otros que le precedieron y otros que aún viven hoy día[26]. ¿Habremos de decir, según tu razonamiento, que engañan y corrompen a los jóvenes conscientemente, o que ni ellos mismos se dan cuenta? ¿Tan locos vamos a considerar a estos de quienes algunos afirman que son los más sabios de los hombres?

ÁNI.–Mucho distan de estar locos, Sócrates. Bastante más lo están los jóvenes que les entregan su dinero, y más todavía los que les ponen en manos de estas personas, sus allegados. Pero mucho más que nadie las ciudades, que les dan vía libre en lugar de expulsar a todo aquel que, extranjero o ciudadano, pretenda llevar a cabo este tipo de acción.

SÓC.–Pero, Ánito, ¿es que algún sofista te ha hecho daño alguno? ¿Por qué te muestras tan duro con ellos?

ÁNI.–Por Zeus, que yo jamás he tenido ninguna experiencia con ninguno de ellos, ni permitiría que la tuviera ninguno de los míos.

---

26. Como Gorgias, Hipias o Pródico; cfr. *Apología* 19e, nota *ad loc.*

Sóc.–¿Entonces no conoces de nada a estas personas?

Ání.–¡Y que así siga!

Sóc.–Pero, infeliz, ¿cómo vas a saber si en lo tocante a este asunto hay algo bueno o turbio, si no has tenido la más mínima experiencia con ello?

Ání.–Muy fácil: sé perfectamente quiénes son, ya haya tratado o no haya tratado con ellos.

Sóc.–Tal vez seas adivino, Ánito. Porque lo que es yo, no alcanzo a comprender, a tenor de lo que dices, cómo puedes saber algo acerca de ellos. Pero no estamos tratando de averiguar quiénes serían esos por los que Menón se echaría a perder en caso de acudir a ellos (pongamos, si lo deseas, que se trata de los sofistas), así que cuéntanos, y de paso hazle un favor a este amigo tuyo por parte de padre, diciéndole a quién tendría que acudir en una ciudad como ésta para granjearse un prestigio en lo tocante a la virtud que acabo de describir.

Ání.–¿Y por qué no se lo has dicho tú?

Sóc.–Porque los que yo creía que eran maestros de eso ya he dicho quiénes eran, pero resulta que, según tú, no tengo ni idea. Tal vez tú tengas alguna, así que a ti te toca decirle a quién, de entre los atenienses, tiene que dirigirse. Nombra a quien tú quieras.

Ání.–¿Para qué mencionar el nombre de una persona en concreto? No hay ni uno solo de entre los atenienses que sobresalen en bondad y belleza[27] con que se pueda

---

27. De aquí en adelante traducimos con este sintagma la expresión griega *kalòs kaì agathós* («hermoso y bueno»). La *kalokagathía* es un ideal de realización personal consistente en la búsqueda de la excelencia a partes iguales tanto en el plano físico como en el moral e intelectual.

topar que no sea más capaz que los sofistas de convertirle en alguien mejor, siempre y cuando esté dispuesto a obedecer.

SÓC.—¿Y estos que sobresalen en bondad y belleza se han hecho así de forma espontánea, sin aprenderlo de nadie, y, sin embargo, son capaces de enseñar a otros lo que ellos mismos no aprendieron?

ÁNI.—Considero que ellos lo aprendieron de quienes en su momento también sobresalieron en bondad y belleza, ¿o acaso no eres de la opinión que siempre ha habido muchos hombres de bien en esta ciudad?

SÓC.—Opino, Ánito, que aquí hay gente muy bien dotada para las cuestiones políticas y que las ha habido con anterioridad en no menor medida que hoy; ¿pero es que también han sido buenos maestros de su propia virtud? Porque resulta que ése es el meollo de la cuestión: no si hay o no hay hombres buenos aquí, ni si los ha habido en el pasado, sino si la virtud es enseñable; eso es lo que llevamos evaluando desde hace un buen rato. Y considerar esto supone también considerar si los hombres buenos, los de ahora y los de entonces, dominaban esa virtud en la que ellos mismos sobresalían, y si sabían hacer partícipes de ella a otros, o si, por el contrario, no se puede hacer partícipe de eso a nadie ni se puede traspasar de uno a otro. Eso es lo que llevamos indagando desde hace rato Menón y yo. Así que considera esto a partir de tu propio razonamiento: ¿dirías que Temístocles[28] fue un hombre bueno?

---

28. Temístocles (*ca.* 528-462 a. C.) es el estratego ateniense que derrotó a los persas de Jerjes en la famosa batalla de Salamina (480 a. C.).

ÁNI.–Desde luego, más que ninguna otra cosa.

SÓC.–Por tanto, si hubiera alguien que fuera maestro de su propia virtud, ¿no sería él un buen maestro?

ÁNI.–De habérselo propuesto, creo que sí.

SÓC.–¿Pero tú crees que no iba a desear que otras personas llegaran a ser sobresalientes en bondad y belleza, y particularmente su propio hijo? ¿O acaso piensas que sentía celos de él y deliberadamente no le hizo entrega de la virtud en que él mismo era bueno? ¿No has oído que Temístocles hizo que enseñaran a su hijo Cleofanto a ser un buen jinete? No en vano sabía mantenerse en pie sobre el caballo y arrojar la lanza, todavía erguido, desde el caballo, así como llevar a cabo muchas otras proezas en las que aquél le había hecho educar, haciendo de él un portento en todo aquello que dependía de unos buenos maestros. ¿O es que eso no se lo has oído a los ancianos?

ÁNI.–Se lo he oído.

SÓC.–Luego la naturaleza de su hijo nadie la hubiera tachado de mala.

ÁNI.–Muy posiblemente no.

SÓC.–¿Y, entonces, qué ocurre? ¿Acaso, a día de hoy, has oído a algún joven o a algún viejo que Cleofanto, el hijo de Temístocles, llegara a tener la bondad y el talento de su padre?

ÁNI.–Desde luego que no.

SÓC.–Entonces, si la virtud es enseñable, ¿no habríamos de suponer que quiso educar a su hijo en todos los otros aspectos, pero que en aquel saber en que él era experto no quiso hacerle mejor que sus vecinos?

ÁNI.–Lo más probable es que no, por Zeus.

SÓC.–Pues he ahí un maestro de virtud sobre el que te muestras de acuerdo en que fue uno de los mejores entre la gente de antaño. Pero fijémonos ahora en otro, en Arístides[29], el hijo de Lisímaco, ¿o no estás de acuerdo en que éste fuera un hombre de bien?

ÁNI.–Completamente de acuerdo.

SÓC.–¿Y no dio él a su hijo Lisímaco una educación muchísimo mejor que el resto de los atenienses en todo aquello que estaba al alcance de los maestros? ¿Y acaso te parece que le hizo un hombre mejor que cualquier otro? Porque con ése sí que has tratado y ya ves cómo es. O, si lo prefieres, Pericles[30], ese hombre tan magníficamente inteligente. ¿Sabes que tuvo dos hijos, Páralo y Jantipo?

ÁNI.–Lo sé.

SÓC.–Pues a éstos, como bien sabes, les instruyó para que fueran unos jinetes no inferiores a ningún otro en Atenas, y, asimismo, les proporcionó una educación en música, gimnasia y cuantas materias existen, para que tampoco en esas facetas fueran inferiores a ninguno. ¿No quería, acaso, convertirlos en hombres de bien? En mi opinión, sí quería, pero no era enseñable. Pero, para que no te pienses que son sólo unos pocos y los más insignificantes de los atenienses los que se muestran incapaces al respecto de esta cuestión, permíteme recordarte que

---

29. Arístides el Justo, arconte en el año 498 a. C. Resultó condenado al ostracismo en el año 482.
30. Pericles (*ca.* 495-429 a. C.) es la gran figura política de Atenas, al frente de cuyos designios se mantuvo durante más de treinta años. Sus dos hijos murieron en la peste que asoló la ciudad al inicio de la guerra del Peloponeso.

también Tucídides[31] tuvo dos hijos, Melesias y Estéfano, y que aparte de educarles excelentemente en todo, destacaron sobremanera en la lucha, por encima de todos los atenienses: uno se lo confió a Jantias, otro a Eudoro, que eran considerados los mejores luchadores de aquel entonces. ¿O no te acuerdas?

ÁNI.–Algo me acuerdo de oídas.

SÓC.–¿Y no está claro que éste nunca habría enseñado a sus hijos aquello cuya enseñanza suponía un dispendio, evitando, en cambio, enseñarles aquello que sin gasto alguno les haría hombres de bien, si es que tal cosa fuera enseñable? ¿Era, acaso, Tucídides un hombre del montón y no contaba con muchos amigos ni entre los atenienses ni entre los aliados? Pertenecía a una familia poderosa y poseía una gran influencia tanto entre sus conciudadanos como entre el resto de los griegos, de modo que, si esto fuera enseñable, habría encontrado quien se encargara de convertir a sus hijos en hombres de bien, ya fuera entre los de aquí, ya entre los extranjeros, en el caso de que no gozara de tiempo libre debido a sus obligaciones con la ciudad. Pero al fin y al cabo, amigo Ánito, puede que la virtud no sea enseñable.

ÁNI.–Me da la impresión, Sócrates, de que hablas mal de las personas muy a la ligera. Yo te aconsejaría, por si me quieres hacer caso, que tuvieras cuidado, pues, si en cualquier ciudad es con toda certeza más fácil procurar

---

31. No se trata del autor de la *Historia de la guerra del Peloponeso* –aunque puede que sí su abuelo–, sino de un político del partido antidemócrata y rival, asimismo, de Pericles. Sufrió el ostracismo en el año 443 a. C.

95a un mal a la gente antes que un bien, en ésta lo es particularmente. Pero creo que eso tú ya lo sabes[32].

SÓC.–Me parece, Menón, que Ánito se ha molestado, y no me extraña en absoluto, porque, de entrada, se piensa que estaba difamando a esos hombres y, en segundo lugar, considera que él mismo es uno de ellos. Ahora bien, el día que sepa lo que es hablar mal de alguien, dejará de estar molesto, porque, hoy por hoy, lo ignora. Pero dime, ¿no contáis también vosotros con hombres que sobresalen en bondad y belleza?

MEN.–Por su puesto.

b SÓC.–¿Entonces? ¿Es que ellos no quieren ofrecerse a los jóvenes como maestros y admitir que lo son y que, en consecuencia, la virtud es enseñable?

MEN.–Por Zeus que no, Sócrates, sino que unas veces se les oye decir que es enseñable y otras que no.

SÓC.–¿Estamos, pues, diciendo que son maestros de esta materia quienes ni siquiera se ponen de acuerdo al respecto?

MEN.–Me parece que no, Sócrates.

c SÓC.–¿Qué entonces? ¿Acaso te parece que sean los sofistas, precisamente los que como tal se anuncian, maestros de virtud?

MEN.–Eso es, sobre todo, lo que más admiro de Gorgias, Sócrates, que jamás le he oído prometer eso, sino que, encima, se ríe de los demás cuando les oye prometerlo. Considera, por el contrario, que lo que hay que crear es gente hábil a la hora de hablar.

---

32. Fatídica premonición a la que, como se sabe, el propio Ánito no será ajeno; cfr. *Apología*.

Sóc.–¿No opinas, pues, que los sofistas sean maestros?

Men.–No te sé decir, Sócrates. Me pasa lo que a la mayoría, que a veces opino que sí y a veces que no.

Sóc.–¿Pues sabes que tú y los demás políticos no sois los únicos que opinan que unas veces es enseñable y otras no? Que sepas que también el poeta Teognis afirma lo mismo.

Men.–¿En qué versos?

Sóc.–En sus elegías, allí donde dice

Come y bebe con ellos, y con ellos
siéntate, y a ellos complácelos; los poderosos.
Que de los buenos aprenderás lo bueno, pero del trato
con los malos, la razón que posees acabarás perdiendo[33].

¿Observas que en estos versos se habla de la razón como algo enseñable?

Men.–Salta a la vista.

Sóc.–Pero en otros versos varía un poco su punto de vista:

Si el pensamiento pudiera crearse y en el varón implan-
[*tarse*

afirma,

dinero mucho y sin tasa les reportaría

a quienes fueran capaces de lograr eso, y

---

33. Cfr. Teognis, 33-36 Diehl.

*jamás de un buen padre saldría un mal hijo
si tomara en cuenta sus palabras cabales.* En cambio, si
*[sale malo,
ni con lecciones harás de él un hombre honrado*[34].

¿Te das cuenta de que él mismo se contradice al respecto de la misma cuestión?

MEN.–Resulta evidente.

SÓC.–¿Y serías capaz de nombrarme cualquier otro asunto del que aquellos que aseguran que son los maestros, sin embargo no sólo no son reconocidos como tal por el resto, sino que tampoco tienen de ello ningún conocimiento y son mediocres en lo tocante a ese mismo asunto del que aseguran ser los maestros, mientras que los que, con el reconocimiento de todos, sobresalen en bondad y belleza unas veces aseguran que es una cuestión enseñable y otras que no? ¿Dirías tú que quienes muestran tan gran confusión ante un asunto cualquiera, en rigor, podrían ser maestros?

MEN.–Por Zeus que no lo diría.

SÓC.–Entonces, si ni los sofistas, ni aquellos mismos que sobresalen en bondad y belleza son maestros en la materia, ¿no está claro que no lo será ningún otro?

MEN.–Me parece a mí que no.

SÓC.–¿Y si no hay maestros, tampoco alumnos?

MEN.–Me da la impresión de que es como dices.

SÓC.–¿Y no hemos acordado que una materia en la que no existen ni maestros ni alumnos no es enseñable?

MEN.–Eso hemos acordado.

---

34. Cfr. Teognis, 434, 435, 436-438 Diehl.

Sóc.–¿No es cierto que por ningún lugar se manifiesta la existencia de maestros de virtud?

Men.–Así es.

Sóc.–¿Y si no hay maestros, tampoco alumnos?

Men.–Obviamente es así.

Sóc.–¿Entonces la virtud no es enseñable?

Men.–No lo parece, siempre y cuando hayamos abordado correctamente la cuestión. Pero lo que me tiene asombrado, Sócrates, es tanto la posibilidad de que no existan hombres buenos como la forma en que han surgido los que han llegado a serlo.

Sóc.–Es muy probable, Menón, que tanto tú como yo seamos gente del montón, y que ni a ti Gorgias, ni a mí Pródico nos hayan educado lo suficiente. Así que ante todo debemos fijar nuestra atención en nosotros mismos y tratar de hallar a quien de alguna manera pueda hacernos mejores. Y lo digo ateniéndome a nuestra reciente investigación, en la que se nos pasó bochornosamente desapercibido el hecho de que no sólo bajo la dirección del conocimiento es como las personas acometen sus empresas bien y correctamente. He ahí, seguramente, la razón de que se nos haya escapado el conocer de qué manera surgen los hombres de bien.

Men.–¿A qué te refieres, Sócrates?

Sóc.–A esto: que los hombres de bien necesariamente habrán de ser útiles; al menos hemos acordado, no sin razón, que no puede ser de otra manera, ¿no es así?

Men.–Sí.

Sóc.–Y que serán útiles en la medida que dirijan con acierto nuestros asuntos, ¿no habíamos acordado acertadamente esto?

MEN.–Sí.

SÓC.–Sin embargo, que no es posible ejercer acertadamente de guía a no ser que se sea juicioso, no parece que lo hayamos acordado acertadamente.

MEN.–¿A qué te refieres con «acertadamente»?

SÓC.–Te lo diré: si alguien conoce el camino hacia Larisa o cualquier otro sitio que quieras y lo recorre sirviendo de guía a otros, ¿no les estará guiando bien y acertadamente?

MEN.–Cierto.

b SÓC.–¿Y qué ocurre si se trata de alguien que se ha forjado una opinión acertada de cuál es el camino, pero sin haberlo recorrido y sin conocerlo? ¿No les guiaría también éste acertadamente?

MEN.–Desde luego.

SÓC.–Porque mientras que albergue una opinión acertada con respecto a aquello de lo que otro guarda conocimiento, en absoluto será peor guía que el que conozca la verdad, aunque, en lugar de conocerla, sólo se la imagine.

MEN.–En absoluto.

SÓC.–En consecuencia, la opinión verdadera no será en nada peor guía que el conocimiento de cara a la rectitud de una acción. Pues eso era justo lo que dejábamos
c de lado en nuestra indagación sobre la naturaleza de la virtud, toda vez que sosteníamos que únicamente la inteligencia guiaba acertadamente las acciones. Y sin embargo, también una opinión verdadera es capaz.

MEN.–Parece ser.

SÓC.–Luego en absoluto resulta de menor provecho la opinión acertada que el conocimiento.

MEN.–Con la salvedad, Sócrates, de que quien tiene conocimiento siempre acierta, mientras que quien posee una opinión acertada, unas veces acertará y otras no.

SÓC.–¿Cómo dices? ¿Quien tenga siempre una opinión acertada no va a acertar siempre, mientras opine lo acertado?

MEN.–Me parece que a la fuerza. El caso, Sócrates, es *d* que estoy asombrado de que, siendo eso así, el conocimiento haya recibido de siempre mucha más estima que la opinión acertada, y de por qué han de ser dos cosas distintas lo uno de lo otro.

SÓC.–¿Y sabes tú el porqué de ese asombro o te lo explico yo?

MEN.–Explícamelo tú.

SÓC.–Porque no has prestado atención a las estatuas de Dédalo[35]. Tal vez es que no las hay entre vosotros.

MEN.–¿Qué insinúas con eso?

SÓC.–Que también ellas, si no están sujetas, se echan a correr y desaparecen, pero si se las sujeta, permanecen.

MEN.–¿Y entonces, qué? *e*

SÓC.–Pues que estar en posesión de una de sus creaciones que esté suelta no es algo digno de mucho valor, igual que un esclavo fugitivo, puesto que no permanece. Sujeta vale mucho más, pues se trata de obras muy bellas. ¿Que qué insinúo con esto? Que también las opiniones, las acertadas, en tanto permanezcan, constituyen algo hermoso y

---

35. Era fama que las estatuas del legendario escultor Dédalo estaban dotadas de la capacidad de movimiento. Tal creencia podía tener su base en la comparación de estas estatuas, de ojos abiertos y piernas separadas como en disposición de andar, con las estatuas primitivas, de ojos cerrados y piernas juntas.

98a obran todo lo bueno. Sin embargo, no es mucho el tiempo que quieren permanecer con nosotros, sino que se fugan del alma del hombre, de modo que no resultan de gran valor hasta que alguien las sujete por medio de un razonamiento causal[36]. Pero eso es la reminiscencia, amigo Menón, tal y como hemos acordado con anterioridad. Una vez atadas, primero se hacen conocimiento, y, luego, constantes. Y he ahí el motivo de que el conocimiento sea más valioso que la opinión acertada. Es en la atadura en lo que se diferencia el conocimiento de la opinión acertada.

MEN.–Por Zeus, Sócrates, que parece que se trata de algo así.

b SÓC.–De hecho, hablo sin saberlo, por conjeturas. Sin embargo, no me da mucho la impresión de que sea una conjetura el que la opinión acertada y el conocimiento sean cosas distintas, antes bien, si afirmara que sé alguna otra cosa –y pocas son aquellas de las que lo afirmo–, únicamente ésta incluiría entre las que sé.

MEN.–Y bien que dices, Sócrates.

SÓC.–¿Entonces qué? ¿No es cierto que la opinión verdadera, al ejercer de guía, no es en absoluto inferior al conocimiento a la hora de llevar a cabo la ejecución de cada acción?

MEN.–También me parece verdad esto que dices.

c SÓC.–Entonces, en modo alguno, la opinión acertada será inferior al conocimiento, ni de menor utilidad de cara

---

36. *Aitías logismoí*: «Es decir, hasta que se logra conocer el motivo, el porqué lógico-ontológico que fundamente las proposiciones contenidas en cada opinión recta»; cfr. A. Ruiz de Elvira, *Platón. Menón*, Madrid, 1958, p. 61, nota 73.

a las acciones, así como tampoco el hombre que posea opinión exacta será peor que el que posea conocimiento.

MEN.–Eso es.

SÓC.–También hemos acordado que el hombre de bien es provechoso.

MEN.–Sí.

SÓC.–En consecuencia, no sería sólo a través del conocimiento por lo que los hombres de bien serían provechosos, en caso de que lo fueran, para sus ciudades, sino que también a través de la opinión acertada. Sin embargo, ninguna de las dos cosas, ni el conocimiento ni la opinión acertada, las tiene el hombre por naturaleza ni las ha adquirido, ¿o te parece que estas dos cosas existen por naturaleza?

MEN.–No me lo parece.

SÓC.–Luego si no existen por naturaleza, tampoco los hombres de bien lo serán por naturaleza.

MEN.–Ciertamente no.

SÓC.–Luego si no existen por naturaleza, indagábamos a continuación si era cosa enseñable.

MEN.–Sí.

SÓC.–¿Y no era considerada enseñable la virtud si era entendimiento?

MEN.–Sí.

SÓC.–¿Y que entendimiento en tanto que enseñable?

MEN.–Desde luego.

SÓC.–¿Y que si hubiera maestros sería enseñable y, no habiéndolos, no enseñable?

MEN.–Tal cual.

SÓC.–En cambio, ¿no hemos acordado que no hay maestros que la enseñen?

MEN.–Eso es.

Sóc.–¿Luego estamos de acuerdo en que ni es enseñable ni es entendimiento?

Men.–Ciertamente.

Sóc.–No obstante, ¿estamos de acuerdo en que se trata de algo bueno?

Men.–Sí.

Sóc.–¿Y en que lo que ejerce con acierto su función de guía es bueno y provechoso?

Men.–Por supuesto.

99a Sóc.–Y siendo estas dos, tanto la opinión verdadera como el conocimiento, las únicas cosas que ejercen de guía con acierto, el hombre, detentándolas, ejercerá asimismo de guía con acierto. Pues aquello que por casualidad sucede convenientemente, no depende de la dirección humana. Sin embargo, en aquello para lo que el hombre es guía hacia lo correcto encontramos dos cosas: la opinión verdadera y el conocimiento.

Men.–Así me lo parece.

Sóc.–Y dado que no es enseñable, ¿dejará ya la virtud de ser conocimiento?

Men.–Obviamente dejará de serlo.

b Sóc.–Por tanto, de las dos cosas buenas y provechosas que hay, una queda excluida, con lo que el conocimiento no podrá ejercer de guía en los asuntos políticos.

Men.–Me parece que no.

Sóc.–En consecuencia, no será por ningún saber ni por ser sabios por lo que dirigían las ciudades hombres como Temístocles y el resto de los que hace un rato hablaba Ánito; y por esta causa son incapaces de hacer a otros tal y como ellos son, porque no es por medio del conocimiento por lo que ellos son tal y como son.

MEN.–Al parecer, Sócrates, es así como dices.

SÓC.–Entonces, si no es por conocimiento, sólo nos queda que sea por buena opinión. Y es mediante el empleo de ésta por lo que los políticos dirigen con acierto las ciudades, no diferenciándose en nada, en lo que al hecho de saber se refiere, de los adivinos y los vaticinadores, pues éstos dicen muchas cosas verdaderas, inspirados como están por los dioses, pero en absoluto saben nada de lo que dicen.

MEN.–Es posible que eso sea así.

SÓC.–¿Es que acaso, Menón, no merecen ser calificados de divinos esos hombres que, sin tener noción alguna, consiguen muchos y grandes logros en aquello que realizan y dicen?

MEN.–Desde luego.

SÓC.–Con razón llamaríamos divinos a los adivinos y vaticinadores que acabamos de mencionar y a todos los poetas. Tampoco de los políticos podríamos decir que sean divinos en menor medida que aquéllos y que no estén inspirados, poseídos como están por la divinidad y llenos de su aliento, cuando mediante sus palabras llevan a buen fin multitud de importantes empresas, a pesar de ignorar lo que dicen.

MEN.–Ciertamente.

SÓC.–También las mujeres, Menón, califican de divinos a los hombres de bien. Y los espartanos, cuando quieren alabar a un hombre de bien, dicen: «Es divino este hombre».

MEN.–Y dan toda la sensación, Sócrates, de estar en lo cierto. Pero seguro que nuestro Ánito se enfada con lo que dices.

SÓC.–Me trae sin cuidado. Ya conversaremos con él en otra ocasión, Menón. Si nosotros, a lo largo de todo este razonamiento, hemos indagado y hablado acertadamente, la virtud ni se daría por naturaleza ni sería enseñable, sino que sobreviene por adjudicación divina sin que lo sepan los que la reciben. Todo ello siempre y cuando no haya algún hombre dedicado a los asuntos públicos que sea capaz de convertir en político también a otra persona. Si lo hubiera, prácticamente se podría decir de él que es, por lo que respecta a los mortales, tal y como afirma Homero que es Tiresias entre los muertos, cuando, acerca de él, dice que es *el único que alienta en el Hades, mientras que los demás son sombras que pululan*[37]. Del mismo modo, también aquí una persona de tales características, en lo que se refiere a la virtud, sería como un ente real entre las sombras.

MEN.–Me parece que estás absolutamente en lo cierto, Sócrates.

SÓC.–En consecuencia, Menón, de esta reflexión habremos de concluir que la virtud les sobreviene por adjudicación divina a aquellos que la reciben. Pero la verdad acerca de esto la conoceremos el día en que antes de investigar cuál es la manera en que la virtud se presenta a los hombres tratemos primero de averiguar qué es la virtud en sí misma. Pero ya es hora de que me vaya. A ti te toca ahora convencer a tu huésped Ánito de lo que tú mismo te has convencido, para que sea un poco más amable. De este modo, si le convences, prestarás un gran servicio a los atenienses.

37. Cfr. *Odisea* X, 494-495.

Crátilo

Hermógenes, Crátilo, Sócrates

HERMÓGENES[1].—¿Te apetece, entonces, que hagamos partícipe de nuestra conversación a Sócrates, aquí presente?

CRÁTILO[2].—Si a ti te parece.

HER.—¡Sócrates! Aquí Crátilo sostiene que cada ser posee la rectitud del nombre que por naturaleza le corresponde, y que el nombre no es aquello con que unas

383a

---

1. Hermógenes, en tanto que hijo de Hipónico y hermano de Calias *(vide infra)*, pertenece a una distinguida familia ateniense, destacada no sólo por su riqueza sino por sus contactos con los sofistas (cfr. *Protágoras*). Según el *Fedón* (59b), se contaba entre los que acompañaban a Sócrates en el momento de su muerte.

2. De entre las escasas noticias que se pueden rescatar acerca de su vida, destacan las que sitúan a Crátilo como maestro de Platón (cfr. Aristóteles, *Metafísica* 987a29 ss.; Diógenes Laercio, *Vidas de los filósofos*, III, 6). A su vez, el propio Crátilo habría sido discípulo de Heráclito.

determinadas personas denominan una cosa tras haber convenido en denominarla así, aplicando a tal efecto una porción de su propia voz, sino que existe una cierta rectitud de los nombres[3] inherentemente igual para todos, griegos y bárbaros. En consecuencia, yo le pregunto si el de «Crátilo» es en verdad su nombre o no lo es, y él me contesta que sí. «¿Y el de Sócrates?», insisto, «Sócrates», me responde. «¿Acaso no ocurre también con todas las demás personas que el nombre con que llamamos a cada uno, ése es el nombre que le corresponde?». Y dice: «En tu caso, el nombre de Hermógenes no te pertenece, a pesar de que te llame así toda la gente»[4]. Pero aunque le pregunte y me encuentre deseoso de saber a qué se refiere, no me aclara nada y se muestra irónico conmigo, fingiendo que esconde un pensamiento en su interior, como si estuviera al tanto de cuestiones que si quisiera expresarlas claramente lograrían hacerme coincidir con él y afirmar lo mismo que él sostiene. De modo que si pudieras desentrañar el oráculo de Crátilo, te escucharía encantado. Es más: si lo tuvieras a bien, aprendería con mayor gusto aún cuál es tu parecer en lo tocante a la rectitud de los nombres.

---

3. La expresión «rectitud del nombre» *(onómatos orthótēs)* debe ser entendida en el sentido en que un nombre o palabra (pues hace referencia tanto a sustantivos como a verbos) puede considerarse correcto en relación a aquello que nombra.

4. Hermógenes vendría a significar «Hijo de Hermes», dios vinculado, entre otras muchas cosas, a la circulación del dinero (dios de los ladrones, del comercio...) y a la palabra (es el mensajero de los dioses, pero traigamos también a colación la palabra «hermeneuta», esto es, el mediador entre dos lenguas), dos terrenos en los que como veremos más adelante Hermógenes no se desenvuelve con soltura.

SÓCRATES.–Ah Hermógenes, hijo de Hipónico, según un viejo dicho, *difícil es lo bello* cuando se trata de saber en qué consiste. Y, desde luego, el conocimiento de los nombres no es precisamente un asunto menor. El caso es que si yo hubiera escuchado de boca de Pródico[5] el curso de cincuenta dracmas con que, según sus palabras, los asistentes reciben una cumplida formación al respecto, nada te impediría saber en este preciso momento la verdad sobre la rectitud de los nombres. Pero por ahora sólo he escuchado la lección de un dracma. En consecuencia, ignoro cuál podría ser la verdad en un asunto de tal envergadura. Sin embargo, estoy dispuesto a emprender contigo y con Crátilo una investigación conjunta. Y respecto a eso que afirma de que «Hermógenes» no es un nombre que se adecue a la realidad, sospecho que está de broma, pues lo que seguramente insinúa es que fracasas una y otra vez en tu afán por conseguir riquezas. Pero, como acabo de decir, conocer este tipo de cosas es difícil, y, por lo tanto, es necesario que, tras una puesta en común de nuestros planteamientos, averigüemos si es como tú dices o como dice Crátilo.

HER.–Por mi parte, Sócrates, a pesar de haber conversado en numerosas ocasiones tanto con éste como con muchos otros, no he sido capaz de convencerme de que la rectitud del nombre estribe en otra cosa que en la convención y el acuerdo. En mi opinión, cualquiera que sea

---

5. Pródico de Ceos *(ca.* 460-*ca.* 394 a. C.) se preocupaba fundamentalmente por los problemas del lenguaje, haciendo especial hincapié en el preciso empleo de los términos y las distinciones entre palabras en apariencia iguales; cfr. *Apología* 19e, *Menón* 75e y nota *ad loc.*

el nombre que se le imponga a algo, ése es el correcto, y si se le cambia por otro, aquél deja de designarlo y en modo alguno es este último menos correcto que el primero. Es lo mismo que cuando se los cambiamos a nuestros sirvientes, ya que, no en vano, a nadie le corresponde por naturaleza un nombre en particular, sino por la norma y costumbre de quienes se han habituado a llamar

e de una determinada manera y así llaman. Pero si es de cualquier otro modo, estoy dispuesto a escuchar y aprender no sólo de Crátilo, sino de cualquier otra persona.

385*a* SÓC.–Seguramente sea como dices, Hermógenes, pero indaguémoslo, no obstante. ¿Afirmas que aquello con que se designa una cosa determinada es el nombre de esa cosa?

HER.–En mi opinión, sí.

SÓC.–¿Tanto si quien así lo designa es un particular como una comunidad?

HER.–Eso afirmo.

SÓC.–¿Entonces qué? Si yo doy un nombre a un ser cualquiera, por ejemplo, al que actualmente llamamos «hombre» y paso a denominarle «caballo», y al que llamamos «caballo», le denomino «hombre», ¿se le llamará «hombre» en público, y «caballo» en privado, en el primer caso, y «hombre» en privado y «caballo» en público, en el segundo? ¿Te refieres a eso?

b HER.–Eso es lo que a mí me parece.

SÓC.–Entonces, venga, contéstame a esto: ¿hay algo a lo que llames «decir verdad» y «decir mentira»?

HER.–Efectivamente.

SÓC.–¿No existirá, pues, un enunciado verdadero y otro falso?

HER.–Desde luego.

SÓC.–¿Y no sería verdadero el que designa las realidades como son y falso el que las designa como no son?

HER.–Sí.

SÓC.–¿Es, por tanto, posible decir en un enunciado lo que es y lo que no es?

HER.–Ciertamente.

SÓC.–Y el enunciado verdadero, ¿es verdadero considerado en su totalidad, mientras que sus partes no son verdaderas?

c

HER.–No, sus partes también lo son.

SÓC.–¿Y serán verdaderas la partes mayores, mientras que las pequeñas no, o lo serán todas?

HER.–Pienso que todas.

SÓC.–¿Y crees tú que hay en el enunciado una parte más pequeña que el nombre?

HER.–No, ésa es la más pequeña.

SÓC.–¿Y acaso el nombre del enunciado verdadero recibe alguna denominación?

HER.–Sí.

SÓC.–Verdadero, según afirmas.

HER.–Sí.

SÓC.–¿Y la parte del falso es, asimismo, falsa?

HER.–Efectivamente.

SÓC.–En consecuencia, es posible proferir un nombre falso o verdadero, en tanto en cuanto haya enunciados falsos o verdaderos.

HER.–Así es, cómo no.

d

SÓC.–Luego el nombre que cada uno da a un objeto, ¿es ése el nombre válido para cada objeto?

HER.–Sí.

SÓC.–¿Luego cada objeto tendrá tantos nombres como se le asignen desde el momento en que así se les denomine?

HER.–En efecto, Sócrates, yo no encuentro otra rectitud en los nombres que ésta: que me sea posible otorgar a cada cosa el nombre que yo establezca y a ti el que, por tu parte, establezcas tú. Del mismo modo, también observo que en cada una de las ciudades se han puesto nombres distintos para los mismos objetos, al margen unos griegos de otros y al margen los griegos de los bárbaros.

SÓC.–De acuerdo, Hermógenes, pero veamos: ¿te parece que con los seres también es así, que su esencia sea percibida de forma particular por cada persona, como afirmaba Protágoras cuando decía que *el hombre es la medida de todas las cosas*[6], es decir, que de la forma que a mí me parezca que son las cosas, tal serán para mí, y que de la forma que a ti te parezca, tal serán para ti? ¿O acaso opinas que los seres poseen de por sí una cierta estabilidad en su esencia?

HER.–Ya en una ocasión, Sócrates, desorientado como estaba, me dejé arrastrar a las posiciones que Protágoras mantiene; sin embargo, no estoy muy seguro de que eso sea así.

SÓC.–¿Entonces qué? ¿Te has dejado arrastrar hasta el punto de llegar a opinar que no hay ningún hombre mezquino?

---

6. Formulada al comienzo de su obra *La Verdad (vid infra)*, la máxima de Protágoras ha de entenderse en el sentido que Sócrates expone a continuación, es decir «las cosas» son como cada individuo las percibe. Se trata de la piedra angular del relativismo sofístico al que tan duramente planta cara Platón en algunos diálogos, como el propio *Protágoras*.

HER.–Por Zeus que no, sino que lo he podido comprobar en tantas ocasiones que, en mi opinión, hay hombres completamente mezquinos, y un buen número de ellos.

SÓC.–¿Qué? ¿Tampoco te ha parecido nunca que existan hombres completamente honrados?

HER.–Pero muy pocos.

SÓC.–¿Pero entonces te lo ha parecido?

HER.–En efecto.

SÓC.–¿Y cómo te planteas esto? ¿Diciendo, acaso, que los hombres completamente honrados son completamente sensatos, mientras que los completamente mezquinos son completamente insensatos?

HER.–Así me lo parece.

SÓC.–Luego, si Protágoras estaba en lo cierto y la verdad consiste en que las cosas son tal y como a cada uno le parece que son, ¿es posible que algunos de nosotros seamos sensatos mientras que otros insensatos?

HER.–En modo alguno.

SÓC.–Supongo, por tanto, que no te parecerá en absoluto posible que, existiendo la sensatez y la insensatez, Protágoras esté en lo cierto, puesto que, en realidad, nadie sería más sensato que otro si la verdad es lo que a cada uno le parece que es.

HER.–Eso es.

SÓC.–Entiendo, pues, que tampoco compartirás la opinión de Eutidemo[7] de que todo es de la misma mane-

---

7. Este Eutidemo es el del diálogo que lleva su nombre, donde sostiene las siguientes posiciones: una persona no puede ser sabia e ignorante; quien sabe una cosa sabrá, por ende, todas las demás; todos saben todo o nada. No se trata del mismo Eutidemo del principio de *La República* ni del que Platón nos presenta al final de *El banquete*.

ra para todos al mismo tiempo y por siempre, puesto que, de ser así, no habría ni honrados ni mezquinos, en el caso de que todos participaran en igual medida y por siempre de la virtud y del vicio.

HER.–Verdad dices.

SÓC.–Luego si ni todo es de la misma manera para todos al mismo tiempo y por siempre, ni cada cosa es individual para cada persona, está claro que las propias cosas ostentan por sí mismas una esencia estable, independientemente de nosotros y sin que se vean arrastradas de un lado a otro por nuestra imaginación, sino que existen por sí mismas en virtud de la esencia que por naturaleza les corresponde.

HER.–Así me lo parece, Sócrates.

SÓC.–¿Ocurre, pues, que las cosas habrán surgido naturalmente, mientras que sus acciones no habrán surgido de ese mismo modo? ¿O es que tales acciones no constituyen una forma[8] de las realidades?

HER.–Desde luego que sí.

SÓC.–Entonces, las acciones se llevan a cabo conforme a su propia naturaleza, no conforme a nuestra opinión. Es decir, si nos proponemos cortar un objeto, ¿habremos de cortarlo como se nos antoje y con aquello que queramos? ¿O no sucederá que si nos empeñamos en cortarlo de acuerdo con la naturaleza del cortar y del ser cortado y con aquello que le corresponde por naturaleza, en efecto lo cortaremos, sacaremos mayor partido y procederemos correctamente, mientras que si lo hace-

---

8. En griego *eîdos*, esto es, «forma» o «idea»; cfr. *Menón* 72c y nota *ad loc.*

mos obviando su naturaleza nos equivocaremos y no obtendremos ningún resultado?

HER.–Eso creo.

SÓC.–En consecuencia, si nos proponemos quemar algo, ¿no será preciso que lo quememos no según una opinión cualquiera, sino conforme a la correcta, siendo esta opinión aquella por la que a cada objeto le corresponde quemar y ser quemado mediante aquello que le corresponde por naturaleza?

HER.–Eso es.

SÓC.–¿Y lo mismo con las demás cosas?

HER.–Ciertamente.

SÓC.–Por consiguiente, ¿no constituirá también el hablar una de estas acciones?

HER.–Sí.

SÓC.–Luego una persona que hable en la manera que considere que se debe hablar, ¿estará hablando correctamente? ¿O sólo acertará en su empeño de expresarse si lo hace de la manera y con aquello por lo que a las cosas les corresponde por naturaleza hablar y ser habladas, mientras que, si no lo hace así, se equivocará y no conseguirá nada?

HER.–Me parece que es tal y como dices.

SÓC.–¿Y el nombrar no es una parte del hablar? De hecho, es nombrando como la gente expresa los enunciados.

HER.–Ciertamente.

SÓC.–Entonces, ¿también el nombrar es una acción, toda vez que el hablar era una acción que concernía a las cosas?

HER.–Sí.

d   Sóc.–¿Y no se nos presentaban las acciones como independientes de nosotros, en posesión como estaban de una naturaleza propia y particular?

Her.–Así es.

Sóc.–Luego, si esto ha de concordar con lo que decíamos anteriormente, ¿no se habrá de nombrar en el modo que a las cosas les corresponda por naturaleza nombrar y ser nombradas y con aquello que le corresponda, y no de la manera que nosotros queramos? ¿No acertaremos así en nuestro empeño de nombrar, mientras que, en el caso contrario, no?

Her.–Me parece evidente.

Sóc.–Al grano, pues. ¿No decíamos que lo que hay que cortar hay que cortarlo con algo?

Her.–Sí.

e   Sóc.–¿Y lo que hay que tejer, hay que tejerlo con algo, y lo que hay que taladrar, taladrarlo con algo?

Her.–Ciertamente.

Sóc.–¿Y lo que hay que nombrar, hay que nombrarlo con algo?

388*a*   Her.–Así es.

Sóc.–¿Y qué es aquello con lo que hay que taladrar?

Her.–El taladro.

Sóc.–¿Y aquello con lo que tejer?

Her.–La lanzadera.

Sóc.–¿Y aquello con lo que nombrar?

Her.–El nombre.

Sóc.–Dices bien. Por ende, también el nombre es un instrumento.

Her.–En efecto.

Sóc.–Por consiguiente, si yo te preguntara «¿Qué instrumento es la lanzadera?». ¿No sería aquello con lo que se teje?

Her.–Sí.

Sóc.–¿Y a la hora de devanar la tela qué es lo que hacemos? ¿No separamos la trama y la urdimbre que estaban enredadas?

Her.–Sí.

Sóc.–¿Y no deberás decir lo mismo con respecto al taladro y demás instrumentos?

Her.–Ciertamente.

Sóc.–¿Pero puedes decir lo mismo respecto al nombre? Tratándose el nombre de un instrumento, ¿qué es lo que hacemos cuando llevamos a cabo la acción de nombrar?

Her.–No te sé decir.

Sóc.–¿Acaso no nos enseñamos las cosas mutuamente y discernimos cómo son?

Her.–Cierto.

Sóc.–El nombre es, por tanto, un instrumento de enseñanza y también de discernimiento de la esencia, tal y como la lanzadera lo es del tejido.

Her.–Efectivamente.

Sóc.–¿Es, pues, la lanzadera un útil para tejer?

Her.–Cómo no.

Sóc.–Luego un tejedor hará un uso adecuado de la lanzadera, entendiendo por «adecuado» «como cuadra a un tejedor»; mientras que un maestro hará lo propio con los nombres y ahí «adecuado» será «como cuadra a un maestro».

Her.–Efectivamente.

d   Sóc.–¿Pero de quién será la obra de la que el tejedor hará un uso adecuado cuando se sirva de la lanzadera?

Her.–Del ebanista.

Sóc.–¿De cualquier ebanista o del que domine el oficio?

Her.–Del que domine el oficio.

Sóc.–¿Y de quién será la obra de la que el carpintero hará un uso adecuado cuando se sirva del taladro?

Her.–Del herrero.

Sóc.–¿De cualquier herrero o del que domine el oficio?

Her.–Del que domine el oficio.

Sóc.–De acuerdo, ¿pero, entonces, de quién será la obra de la que el maestro hará un uso adecuado cuando se sirva del nombre?

Her.–Esto no te lo sé decir.

Sóc.–¿No sabes decirme, entonces, quién nos proporciona los nombres que empleamos?

Her.–Ciertamente no.

Sóc.–¿No te parece que es la norma la que los proporciona?

Her.–Al parecer sí.

e   Sóc.–¿No será, entonces, obra del legislador[9] aquello de lo que el maestro hará uso cuando se sirva del nombre?

Her.–Así me lo parece.

Sóc.–¿Y opinas que cualquier hombre puede ser legislador, o sólo el que domine el oficio?

---

9. En griego *nomothétēs*, esto es, el que «pone el *nómos*», la norma sancionada por el uso. Se ha venido discutiendo si bajo la figura del legislador se esconde una personalidad (mítica) individual o una colectividad. Sea como sea, lo que Platón pretende indicar es que los nombres son un producto humano, obra de un artífice o artesano que los elabora en virtud de un arte o técnica.

HER.—El que lo domine.

SÓC.—Pues asignar nombres, Hermógenes, no es una cosa que esté al alcance de cualquier hombre, sino de una suerte de forjador de nombres. Y éste es, a todas luces, el legislador, el más raro de los artífices que se da entre los seres humanos.

HER.—Parece ser.

SÓC.—Vamos, examina en qué se fija el legislador a la hora de asignar los nombres; considéralo a partir de lo que llevamos dicho hasta ahora: ¿en qué se fija el ebanista a la hora de fabricar la lanzadera? ¿No se fijará precisamente en aquello que por naturaleza se adecua a la actividad de tejer?

HER.—Ciertamente.

SÓC.—¿Entonces qué? Si se le rompe la lanzadera mientras la está construyendo, ¿vuelve a construir otra tomando en cuenta la rota, o tomando en cuenta la forma[10] según la cual estaba fabricando la que se le rompió?

HER.—Tomando en cuenta la forma, creo yo.

SÓC.—Podríamos, entonces, con toda justicia dar a ésta el nombre de lanzadera propiamente dicha?

HER.—En mi opinión sí.

SÓC.—En consecuencia, cuando se precise fabricar una lanzadera para un manto fino o grueso, de lino o de lana, o de cualquier otra clase, ¿es necesario que todas tengan la forma de la lanzadera y que a cada instrumento[11] le sea transferida la naturaleza de aquella forma que resulte mejor para cada empleo?

---

10. Como arriba (cfr. 386e y nota *ad loc.*) y para todo lo que viene a continuación, «forma» es la traducción que damos para *eîdos*.
11. Es decir, a cada lanzadera fabricada.

Her.—Sí.

Sóc.—Y de igual manera para el resto de instrumentos, es decir: una vez hallado el instrumento que, por naturaleza, se adecue a cada empleo, será preciso aplicar la forma de dicho instrumento sobre aquel material sobre el que se fabrica el instrumento, pero no como se nos antoje, sino como corresponda por naturaleza. Así pues, según parece, será necesario saber aplicar sobre el hierro la forma de taladro que corresponda por naturaleza a cada uno de sus empleos.

Her.—Ciertamente.

Sóc.—Lo mismo que, sobre la madera, la forma de lanzadera que corresponda por naturaleza a cada uno de sus empleos.

Her.—Eso es.

d Sóc.—En efecto, cada lanzadera, según parece, es adecuada por naturaleza a una determinada forma de tejido, y así sucesivamente con el resto.

Her.—Efectivamente.

Sóc.—Entonces, queridísimo amigo, ¿no deberá el tal legislador saber aplicar también sobre los sonidos y las sílabas los nombres que por naturaleza corresponden a cada objeto? ¿No deberá crear y poner todos los nombres atendiendo a lo que es el nombre en sí, si lo que pretende es ser un acreditado asignador de nombres? Incluso *e* si no todos los legisladores actúan sobre las mismas sílabas, no debemos olvidar que no todo herrero, aun fabricando el mismo instrumento y con el mismo propósito, 390*a* recurre al mismo hierro. Sin embargo, mientras le confieran la misma forma aunque sea en otro hierro, el instrumento será bueno, ya se fabrique entre nosotros, ya sea entre los bárbaros, ¿o no es así?

HER.–Desde luego.

SÓC.–¿Acaso no vas a tener en la misma consideración al legislador, sea de aquí o sea bárbaro? Mientras confiera la forma de nombre apropiada a cada cosa, en las sílabas que sean, no lo tendrás por un legislador peor, ya sea de aquí o de cualquier otro sitio.

HER.–Desde luego.

SÓC.–Por tanto, ¿quién habrá de saber si en tal o cual madera reside la forma apropiada de lanzadera? ¿Su fabricante, esto es, el ebanista o el que se sirva de ello, el tejedor?

HER.–Me parece más probable, Sócrates, que el que se sirva de ello.

SÓC.–¿Y quién se va a servir de la labor del fabricante de cítaras? ¿No será aquel que sabe dirigir mejor al que la fabrica y que, una vez fabricada, sabe reconocer si está bien hecha o no?

HER.–Ciertamente.

SÓC.–¿Quién es esa persona?

HER.–El citarista.

SÓC.–¿Y quién en lo que respecta al armador de barcos?

HER.–El timonel.

SÓC.–Entonces, ¿quién sabrá dirigir mejor la obra del legislador y la juzgará una vez realizada, tanto aquí como entre los bárbaros? ¿No será, acaso, el que habrá de servirse de ella?

HER.–Sí.

SÓC.–¿No será, en consecuencia, alguien que sepa preguntar?

HER.–Ciertamente.

Sóc.–¿Pero también alguien que sepa contestar?

Her.–Sí.

Sóc.–¿Y al que sabe preguntar y contestar le das tú otro nombre que el de conversador?[12]

Her.–No, precisamente ése.

Sóc.–Por tanto, la labor del ebanista consiste en construir un timón bajo la supervisión del timonel, si de lo que se trata es de que el timón sea bueno.

Her.–Evidentemente.

Sóc.–Y la del legislador en forjar palabras teniendo como supervisor al conversador, si de lo que se trata es de asignar nombres correctamente.

Her.–Eso es.

Sóc.–Luego cabe suponer, Hermógenes, que la asignación de nombres no sea una cuestión baladí, como tú crees, ni de hombres de poca monta ni del primero que aparezca por ahí. De hecho, Crátilo está en lo cierto cuando dice que los objetos poseen un nombre por naturaleza y que no todo el mundo es válido como artífice de nombres, sino sólo aquel que atiende al nombre que cada objeto tiene por naturaleza y que está en condiciones de aplicar su forma tanto a las letras como a las sílabas.

Her.–No sé cómo podría refutar lo que dices, Sócrates. Pero de seguro que no es fácil que uno se deje convencer así por las buenas, sino que, en mi opinión, quedaría más satisfecho si me mostraras cuál dices que es, para ti, la rectitud natural del nombre.

Sóc.–Ah, mi dichoso Hermógenes, yo no digo que sea ninguna. Pero de lo que te has olvidado es de lo que dije

---

12. Literalmente, «dialéctico».

poco antes, que no tenía ni idea, pero que lo investigaría contigo. A estas alturas, tanto tú como yo al menos una cosa ya hemos sacado en claro en el curso de nuestra pesquisa, si bien contraria a nuestra inicial impresión: que el nombre posee por naturaleza cierta rectitud y que no todo hombre sabe aplicarlo correctamente a cualquier clase de objeto. ¿O no?

HER.–Ciertamente.

SÓC.–En ese caso, lo que hay que indagar, si es que sientes deseos de saberlo, es qué tipo de rectitud habrá de ser la suya.

HER.–Claro que deseo saberlo.

SÓC.–Investiga, pues.

HER.–¿Y cómo hay que investigar?

SÓC.–El procedimiento más adecuado, amigo mío, consiste en frecuentar a los que saben, pagarles unos honorarios y rendirles gratitud. Se trata de los sofistas, gracias a los cuales, previo pago de una buena suma de dinero, incluso tu hermano Calias se ha granjeado fama de sabio. Pero ya que tú no estás en posesión de los bienes paternos, será necesario que le supliques y le ruegues a tu hermano que te enseñe las nociones exactas que, al respecto de tales asuntos, ha aprendido de Protágoras[13].

HER.–Desde luego, Sócrates, estaría fuera de lugar que, no aceptando en absoluto *La Verdad* de Protágoras[14], aco-

---

13. El diálogo *Protágoras* tiene lugar precisamente en casa de Calias.
14. Junto a diversos tratados de menor dimensión, Protágoras es autor de dos grandes obras tituladas *Antilogías* y *La Verdad*. En ésta se debían de apuntar fórmulas para derrotar dialécticamente a un contrario. Como dijimos antes, la célebre máxima «el hombre es la medida de todas las cosas» se encontraba al comienzo de esta obra.

giera de mil amores y como si fueran dignos de estima sus preceptos sobre esta verdad en particular.

d   Sóc.–Entonces, si esta solución no te satisface, habrá que aprenderlo de Homero y de los demás poetas.

Her.–Sócrates, ¿qué es lo que dice Homero sobre los nombres? ¿En qué pasaje?

Sóc.–En varios pasajes, pero principalmente y con mayor belleza en los que distingue entre los nombres que los hombres y los dioses conceden a los mismos objetos. ¿O no opinas que en esos pasajes aporta un testimonio magnífico y excepcional sobre la rectitud de los nombres? Porque está claro que los dioses, en aras de la rec-
e titud, emplean los nombres que son por naturaleza. ¿O no opinas tú eso?

Her.–Bien sé yo que, si dan un nombre, lo dan correctamente, pero ¿a cuáles te refieres?

Sóc.–¿No sabes que, a propósito del río de Troya que trabó un combate cuerpo a cuerpo con Hefesto[15], Homero dice que *los dioses lo llaman Janto, mas los hombres Escamandro?*[16]

Her.–Claro que lo sé.

392*a* Sóc.–¿Y entonces? ¿No consideras importante saber por qué es más correcto dar a ese río el nombre de Janto antes que el de Escamandro? O, si lo prefieres, el ave del que afirma que *los dioses la llaman «calcis» y los hombres «cymindis»*[17]: ¿juzgarías inútil el aprendizaje de por qué es más exacto denominar a ese pájaro «calcis» que «cy-

---

15. Cfr. *Ilíada* XXI, 342-380.
16. Cfr. *Ilíada* XX, 74.
17. Una suerte de lechuza; cfr. *Ilíada* XIV, 291.

mindis»? Y así con «Batiea» y «Mirina»[18], y tantos otros ejemplos de este y otros poetas. Pero puede que averiguar estas cosas sea una empresa que tanto a ti como a mí nos venga grande. Sin embargo, el caso de «Escamandrio» y «Astianacte», que son los nombres que da al hijo de Héctor, es, en mi opinión, más asequible en términos humanos y más fácil a la hora de desentrañar cuál es la rectitud que les atribuye. Porque sin duda conoces dónde se encuentran los versos a los que me refiero.

HER.–Desde luego.

SÓC.–Por tanto, ¿cuál de los dos nombres crees tú que Homero considera más adecuado para el niño, «Astianacte» o «Escamandrio»?

HER.–No sabría decirte.

SÓC.–Míralo de esta manera: pon que alguien te pregunta que quién crees tú que otorga los nombres con mayor criterio, ¿los más sensatos o los más insensatos?

HER.–Le contestaría que los más sensatos, obviamente.

SÓC.–Y tomándolos en su conjunto, ¿quiénes te parece que sean más sensatos en las ciudades, las mujeres o los hombres?

HER.–Los hombres.

SÓC.–¿Desconoces, acaso, que Homero dice que el hijo de Héctor era llamado Astianacte por los troyanos, pero Escamandrio por las mujeres, cosa que queda clara desde el momento en que los hombres lo llamaban Astianacte?

HER.–Parece ser.

---

18. Colina escarpada que se encontraba frente a la ciudadela de Troya; cfr. *Ilíada* II, 813-814.

Sóc.–¿Luego no consideraba también Homero más juiciosos a los troyanos que a sus mujeres?

Her.–Eso es lo que creo.

Sóc.–¿Porque juzgaba más correcto llamar al niño Astianacte que Escamandrio?

Her.–Evidentemente.

Sóc.–Evaluemos las posibles razones. ¿O es que no nos indica él mismo magníficamente el porqué? De hecho, dice:

e *sólo él les protegía la ciudad y las grandes murallas*[19].

Por este motivo, según parece, es pertinente llamar Astianacte al hijo del defensor de aquello que, como afirma Homero, su padre defendía[20].

Her.–Así me lo parece.

Sóc.–¿Cómo? Porque lo que es yo, todavía no lo comprendo, Hermógenes, ¿lo entiendes tú?

Her.–¡Por Zeus que tampoco!

393a Sóc.–¿Acaso, mi buen amigo, no fue el propio Homero quien le puso el nombre a Héctor?

Her.–¿Qué quieres decir?

Sóc.–Que, en mi opinión, ese nombre está bastante próximo al de Astianacte y que los dos parecen ser grie-

---

19. Cfr. *Ilíada* XXII, 507. Platón cambia el término «puertas» (*pýlas*) por «ciudad» (*pólin*). Pudiera ser que Platón, antes que por un descuido achacable a que citaba de memoria, haya cambiado voluntariamente *pýlas* por *pólin* para, de alguna manera, reforzar la explicación etimológica que da a continuación.
20. En efecto, Astianacte es un nombre parlante compuesto por las palabras *ásty* («ciudadela») y *ánax* («señor», «soberano»).

gos. En efecto, Astianacte y Héctor significan casi lo mismo y ambos son nombres regios, pues de aquello de lo que uno es «señor» *(ánax)*, también será, sin duda, su «dominador» *(héktor)*, pues es obvio que manda sobre ello, lo posee y lo domina. ¿O te parece que no estoy diciendo nada de interés y que me equivoco si pienso que he dado con alguna clave acerca de la opinión de Homero sobre la rectitud de los nombres?

HER.–¡Por Zeus que no! Para mí que has dado con la clave.

SÓC.–Es justo, a mi parecer, denominar «león» a la cría del león y «caballo» a la cría del caballo. Y no me estoy poniendo en el caso monstruoso de que de un caballo nazca una criatura distinta a un caballo; me refiero, antes bien, a una que sea el fruto natural de su especie. Ya que si un caballo, contrariamente a la naturaleza, engendra un ternero, que, por naturaleza, es la cría de la vaca, no habrá que llamarlo potrillo, sino ternero. Como tampoco pienso que si de un hombre no sale una criatura humana, haya que llamarla hombre. Y lo mismo con los árboles y los demás seres. ¿O no coincides conmigo?

HER.–Coincido plenamente.

SÓC.–Dices bien. Pero vigílame para que no te llames a engaño por mi causa. Porque según ese mismo razonamiento, cualquier criatura de ascendencia real habrá de ser llamado rey. Ya se forme el nombre con unas sílabas, ya con otras, significa lo mismo, no hay problema, así como tampoco importa que se le añada o se le quite una letra, con tal de que la esencia de la cosa manifestada en el nombre predomine.

HER.–¿Qué quieres decir?

Sóc.—Nada enrevesado, sino que, como sabes, las letras del alfabeto las designamos por medio de un nombre y no como se pronuncian, salvo en el caso de cuatro: la *e,* la *y,* la *o* y la *ō* [21]. En cuanto al resto de las vocales y consonantes, tú sabes que las designamos añadiéndoles otras letras para formar un nombre; y mientras expresemos claramente su fuerza, será correcto denominarlas con el nombre que las manifieste claramente. Por ejemplo, la *beta:* comprobarás que la adición de la *e,* la *t* y la *a* ni provoca daño alguno, ni impide que se manifieste con el nombre completo la naturaleza de letra que el legislador deseaba designar. ¡Qué bien supo poner sus nombres a las letras!

Her.—Me da la sensación de que estás en lo cierto.

Sóc.—¿Acaso no vale también el mismo argumento a propósito del rey? Porque del rey saldrá un rey, de uno bueno uno bueno, de uno guapo uno guapo, y así con lo demás: de cada especie saldrá una prole tal, y, a no ser que nazca un engendro, se les habrá de dar los mismos nombres. Sin embargo, existe la posibilidad de dotarles de cierto colorido a las sílabas, hasta el punto de que el lego en la materia podría tomarlos como diferentes unos de otros cuando en realidad son los mismos. Del mismo modo que a nosotros los mejunjes de los médicos, aderezados como están de colores y de olores,

---

21. En efecto, los nombres de *épsilon, ypsilon, ómicron* y *omega* para *e, y* (a pronunciarse /ü/), *o* breve y *o* larga, respectivamente, datan de época bizantina. Por otra parte, preferimos traducir por «letras del alfabeto» lo que normalmente se viene traduciendo por «elementos» *(stoicheîa),* esto es, «unidades elementales» que también pueden hacer referencia a los fonemas o a los nombres no compuestos.

nos parecen distintos siendo que son los mismos. Al *b*
médico, en cambio, atendiendo tan sólo a sus propiedades curativas, le resultan iguales y no se deja confundir por los añadidos. Seguramente, también así, el que sabe de nombres atiende sólo a su propiedad y no se deja confundir si se añade, se desplaza o se quita alguna letra, o incluso si la propiedad de los nombres aparece expresada en sílabas completamente diferentes. Como decíamos hace nada, ni Astianacte (*Astyánax*) ni Héctor (*Héktor*) tienen ninguna letra en común, salvo la *t* y significan lo mismo. Y Arquépolis (*Archépolis*, «gober- *c*
nador de la ciudad»), ¿qué consonante comparte con ellos? Sin embargo, significa lo mismo claramente. Así como muchas otras que no significan sino «rey». Mientras que otras, a su vez, significan «estratego», como Agis (*Ágis*, «caudillo»), Polemarco (*Polémarchos*, «jefe de guerra»), o Eupólemo (*Eupólemos*, «bravo en la batalla»). O, en el campo médico, Iátrocles (*Iatroclés*, «médico ilustre») y Acesímbroto, (*Akesímbrotos*, «curador de mortales»). Y posiblemente podríamos encontrar un buen puñado más de nombres que, diferenciándose en el sonido de sus letras y sus sílabas, contuvieran en su fuerza expresiva el mismo significado. ¿Te parece que esto es así o no?

HER.–Desde luego que sí. *d*

SÓC.–En consecuencia, a aquellos seres que nacen en conformidad con la naturaleza se les ha de asignar los mismos nombres.

HER.–Ciertamente.

SÓC.–¿Y los nacidos contra natura, los que nacen con trazas de engendro? Como cuando de un hombre bueno y pío nace uno impío, ¿no debería, como en los ejemplos anteriores, como si una yegua pariese una cría de vaca, llevar el nombre de la especie a la que pertenece, en vez de llevar el del padre?

HER.–Ciertamente.

e   SÓC.–Luego al impío que ha nacido de un hombre pío, habrá que darle el nombre de su especie.

HER.–Eso es.

SÓC.–No Teófilo *(Theóphilos,* «amado por la divinidad»), según parece, ni Mnesiteo, *(Mnēsítheos,* «que piensa en la divinidad»), ni ninguno por el estilo, sino otros que signifiquen lo contrario a éstos, si deseamos que haya una rectitud en los nombres.

HER.–Absolutamente de acuerdo, Sócrates.

SÓC.–Como también el nombre de «Orestes» *(Oréstēs),* Hermógenes, las tiene todas consigo para haber sido puesto correctamente, ya sea por causa de algún azar, ya por obra de algún poeta que por medio del nombre quisiera destacar lo fiero, lo salvaje y lo «montaraz» *(oreinós)* de su propia naturaleza[22].

395a   HER.–Es evidente que es así, Sócrates.

SÓC.–Y parece ser que también su padre tiene un nombre acorde a su naturaleza.

HER.–Parece ser.

---

22. *Oreinós* está relacionado, efectivamente, con el nombre propio Orestes («hombre de la montaña»). Por su parte, Orestes es el hijo de Agamenón y Clitemnestra. A instancias de Apolo o de su propia hermana Electra, según las fuentes, vengó la muerte de su padre inmolando a sus asesinos, que eran su propia madre y el amante de ésta, Egisto. Las Erinies lo acosaron y lo persiguieron hasta que fue absuelto en un juicio, el primero, celebrado en Atenas.

Sóc.–En efecto, Agamenón[23] es, a buen seguro, un hombre capaz de arrostrar y de mantenerse firme en toda empresa que se proponga, alcanzando el cumplimiento de sus designios merced a su bravura. Prueba de ello es la permanencia y la firmeza de su ejército en Troya. Así, lo que demuestra el nombre de «Agamenón» (*Agamémnōn*) es que este hombre fue «admirable» (*agastós*) por su «obstinación» (*epimonḗn*). Del mismo modo, también el de «Atreo» (*Atreús*) es correcto, puesto que el asesinato de Crisipo por obra suya y la crueldad de sus acciones contra Tiestes, son, todas ellas, acciones dañinas y «funestas» (*atērá*) de cara a la virtud[24]. Sin embargo, la forma del nombre ha sido ligeramente desviada y disimulada, de manera que no a todos les resulte evidente la naturaleza de este hombre, pero a quien entiende de nombres le resulta bastante obvio lo que quiere decir «Atreo». Así es, por lo que tiene de «indómito» (*ateirés*), «temerario» (*átreston*) y «funesto» (*atērón*), su nombre le encaja perfectamente por todas partes. Y, en mi opinión, también Pélope posee un nombre a la medida, puesto que significa «el que ve lo que tiene cerca».

Her.–¿Cómo?

---

23. Rey de Argos y Micenas, Agamenón es el comandante en jefe de la expedición griega contra Troya. Un acto de soberbia suyo suscita en Aquiles la ira que provoca el asunto que narra la *Ilíada*.
24. Atreo (padre de Agamenón) era hermano de Tiestes y de Crisipo. Celosos los dos primeros de la predilección que su padre Pélope mostraba por el último –no en vano iba en juego la herencia–, decidieron darle muerte. En segunda instancia, Atreo, enfrentado a Tiestes, acabó por ofrecer a su hermano un festín en el que le dio a comer los miembros de sus dos hijos. Enterado, Tiestes maldijo a Atreo y a su estirpe.

Sóc.–Sobre su persona se dice, por ejemplo, que en el asesinato de Mírtilo no fue capaz ni de intuir ni de prever lo que, con el tiempo, este hecho acarrearía a toda su
d descendencia, la gran desgracia que sobre ella se abatiría, al ver únicamente lo que tenía al lado y lo inmediato –pues eso significa *pélas*–, debido a su avidez por tomar a toda costa a Hipodamia en matrimonio[25].

Cualquier individuo consideraría que también a Tántalo *(Tántalos)* le han asignado su nombre acertadamente y de acuerdo con su naturaleza si fueran verdaderas las cosas que de él se cuentan.

Her.–¿Qué cosas son ésas?

Sóc.–Las muchas y terribles desgracias que le ocurrieron tanto en vida, de las cuales la definitiva fue la completa destrucción de su patria, como en el Hades, una
e vez muerto: el «balanceo» *(tantaleía)* de una roca sobre su cabeza en admirable consonancia con su nombre. Suena exactamente como si alguien, queriendo llamarle «el más desdichado» *(talántaton)*, le hubiera puesto el nombre de Tántalo para disimularlo un poco y le llamara de esta forma en lugar de la otra. Tal es el nombre que parecen haberle procurado los avatares de su leyenda[26]. Asi-

---

25. Hipodamia era hija del rey Enomao, el cual retaba a una carrera de carros a todo aquel que quisiera desposar a su hija. He ahí que, Pélope, tras sobornar a Mírtilo, el cochero de Enomao, consiguió la mano de Hipodamia. Posteriormente Pélope asesinaría al traidor Mírtilo.
26. Tántalo, hijo de Zeus y padre de Pélope, había sido admitido entre los dioses para tomar parte en uno de sus banquetes, ocasión que aprovecha para robar el néctar y la ambrosía. Autor de muchos otros desmanes, fue castigado a sufrir en el Hades bien la amenaza de una roca que pendía sobre su cabeza, o bien el hambre y la sed eternas ante manjares y bebidas que nunca podía alcanzar.

mismo, es evidente que también su padre –se dice que es Zeus– posee un nombre que le cuadra en todo punto perfectamente; sin embargo, no es fácil de comprender. En realidad, el nombre de Zeus es prácticamente una frase, y, dividiéndola en dos, unos se sirven de una parte y otros de otra, de modo que unos lo llaman *Zêna* y otros *Día*[27], nombres que, al agruparse en uno, ponen de manifiesto la naturaleza del dios, que es lo que sosteníamos que un nombre debía ser capaz de hacer. En efecto, nadie hay más responsable de que tanto nosotros como los demás seres «tengamos vida» *(zên)* que el señor y rey de todas las cosas. Sucede, por consiguiente, que este dios, «a causa del cual» *(di' hòn)* todos los seres «tienen vida» *(zên)*, ha recibido una correcta denominación. Pero, como digo, el nombre, siendo uno sólo, está dividido en dos partes: *Día* y *Zêna*. Así, de improviso, a cualquiera le podría sonar irreverente que sea hijo de Crono; más razonable sería que, como *Día*, fuera fruto de una gran «inteligencia» *(diánoia)*. En efecto, aquí *kóros* no significa niño, sino la pureza inmaculada de su mente[28]. A su vez y según la tradición, Crono es hijo de Urano. Bien está, por otra parte, que la contemplación del cielo reciba el nombre de *ouranía*, es decir, «la que mira hacia el cielo» *(horôsa tà áno)*, esto es, Hermógenes, el lugar de donde afirman los astrónomos que procede la pureza

---

27. Dicho a grandes rasgos, en griego el nombre de Zeus posee una doble declinación, basada, una, en el genitivo *Diós* (acusativo, *Día*) y, otra, en el acusativo *Zên* (posteriormente, *Zêna*).
28. En efecto, *kóros* puede significar «pureza», pero también «niño» o, como de hecho añaden algunos editores, *plēsmonē*, «saciedad». Así pues, la secuencia *kóros noû* explicaría la etimología de *Krónos*.

de la mente, de ahí que al cielo se le aplique acertadamente el nombre de *ouranós*. Y si recordara la genealogía que establece Hesíodo[29] así como los dioses que, echando la vista hacia atrás, él llama antepasados de éstos, no dejaría de demostrarte lo muy acertadamente que les han sido dados sus nombres, por lo menos hasta que hubiera puesto a prueba la capacidad de este saber
d —esto es, si durará mucho o no— que me acaba de sobrevenir así, por las buenas, no sé de dónde.

HER.–¡Hay que ver, Sócrates! Verdaderamente, me ha dado la sensación de como si, de repente, te hubieras puesto a recitar oráculos como un poseso.

SÓC.–La culpa de que me haya caído este saber encima, Hermógenes, se la echo a Eutifrón de Próspalta[30]. Esta mañana temprano he estado un buen rato con él y le he prestado oídos, y lo más seguro es que, entusiasmado como se le veía, no sólo me haya llenado los oídos de su dichoso saber, sino que también se haya adueñado de mi alma. En mi opinión, por tanto, tenemos que proceder del siguiente modo:
e hoy, seguir sirviéndonos de este saber y dedicar nuestra investigación a lo que resta por decir acerca de los nombres, y mañana, si os parece, lo conjuraremos y nos purificaremos
397*a* en cuanto demos con alguien versado en este tipo de purificaciones, ya sea un sacerdote, ya sea un sofista.

HER.–Por mí de acuerdo. Estaré encantado de escuchar lo que queda por decir acerca de los nombres.

---

29. Alude a la *Teogonía* de Hesíodo.
30. Eutifrón es el adivino que Platón retrata en el diálogo del mismo nombre. Aquí representa un tipo de sabiduría divina e inspirada antes que humana y racional. Sócrates apelará, no sin ironía, a su autoridad en el curso de sus explicaciones etimológicas.

Sóc.–Pues hagámoslo así. Pero, ya que hemos adoptado una línea a seguir, ¿por dónde quieres que comencemos a investigar, para llegar a saber si los propios nombres nos confirman que en absoluto son adjudicados cada cual aleatoriamente, sino que observan cierta rectitud? Ahora bien, los nombres empleados para héroes y hombres podrían llevarnos posiblemente a engaño; no en vano, muchos de ellos han sido puestos conforme a los de sus antepasados, aun no siendo muy adecuados en el caso de algunos, como decíamos al principio. Muchos son otorgados como expresión de un deseo, como Eutíquides *(Eutychidēs,* «afortunado»), Sosias *(Sōsías,* «salvador»), Teófilo *(Theóphilos,* «amado por la divinidad») y muchos otros. Pero, en mi opinión, deberíamos desconfiar de nombres por el estilo. Por contra, me parece absolutamente más plausible encontrar nombres que han sido otorgados correctamente en aquello que es eterno por naturaleza. En este caso concreto, es muy conveniente que la adjudicación de los nombres se haya realizado con cuidado: tal vez algunos de ellos hayan sido otorgados por una potencia más divina que la meramente humana.

Her.–Me parece que dices bien, Sócrates.

Sóc.–¿No es justo, acaso, comenzar por los dioses, con el fin de ver cómo los «dioses» *(theoí)* fueron correctamente denominados con ese nombre?

Her.–Es razonable.

Sóc.–Yo, al menos, sospecho algo así: en mi opinión, los primeros hombres de Grecia veneraban únicamente a esos dioses a los que, todavía hoy, rinden culto muchos bárbaros: el sol, la luna, las estrellas y el cielo. Comoquiera que los veían a todos moverse e ir siempre «a la carrera», a partir de esa naturaleza del «correr» *(theîn)* los denominaron «dioses» *(theoí)*. Más tarde, cuando tuvieron conocimiento de todos los demás, siguieron llamándoles con ese nombre. ¿Te parece que tengo razón o no?

HER.–Cierto que me lo parece.

SÓC.–¿Qué podríamos investigar a continuación?

e HER.–Está claro que los démones, los héroes y los hombres.

SÓC.–Pero, realmente, Hermógenes, ¿qué puede significar el nombre de «démones» *(daímones)*? A ver qué piensas que te voy a decir.

HER.–Dilo sin más.

SÓC.–¿Sabes quiénes dice Hesíodo que son los démones?

HER.–Ni idea.

SÓC.–¿Y que asegura que la primera generación de hombres que existió fue de oro?

HER.–Eso sí lo sé.

SÓC.–De hecho, afirma al respecto:

398a
Desde que la Moira esta estirpe sepultó,
sagrados démones del subsuelo son llamados,
nobles y protectores, guardianes de los mortales[31].

HER.–¿Y entonces?

---

31. Cfr. *Trabajos y días*, 121-123. Platón altera nuevamente la cita: allí donde Hesíodo dice «Tierra», Platón emplea «Moira», y, además, recrea completamente el verso siguiente, que en Hesíodo es «Y éstos, démones son por la voluntad del gran Zeus».

Sóc.–Que lo que creo que quiso decir no es que la generación de oro estuviera hecha de oro, sino que era excelente en cuanto a bondad y belleza. Prueba de ello es, para mí, su afirmación de que la nuestra es una generación de hierro.

Her.–Verdad dices.

Sóc.–¿Dudas acaso que si alguien de los de ahora fuera honrado diría que pertenece a aquella generación de oro?

Her.–Seguramente.

Sóc.–¿Y qué son los buenos sino que juiciosos?

Her.–Juiciosos, en efecto.

Sóc.–Pues esto es lo que, a mi modo de ver, define a los démones más que otra cosa: que son juiciosos y «sabios» *(daémones)*, de ahí que les diera el nombre de démones, nombre que también aparece en nuestra lengua antigua. Por lo tanto, tienen razón tanto él como los muchos otros poetas que se pronuncian en este sentido cuando aseguran que, una vez que ha muerto, el hombre de bien obtiene un alto destino y honor y pasa a ser demon atendiendo al apelativo del que le hace acreedor su inteligencia. Por esto mismo, sostengo que todo hombre de bien, vivo o muerto, tiene esa índole demónica y es llamado demon acertadamente.

Her.–Creo, Sócrates, que también coincido completamente contigo en eso. Pero, ¿qué sería el «héroe» *(hḗrōs)*?

Sóc.–Eso no es muy difícil de comprender, pues apenas si ha variado su nombre, el cual manifiesta el origen del «amor» *(érōs)*.

Her.–¿Cómo dices?

Sóc.–¿No sabes que los héroes son semidioses?

HER.–¿Y...?

d SÓC.–Pues que todos han nacido como fruto del amor de un dios por una mortal o de un mortal por una diosa. Pero lo entenderás mejor todavía si te fijas en la antigua lengua ática, porque verás claramente que apenas ha habido modificación en el nombre del «amor» *(érōs)*, que es de donde han nacido los «héroes» *(hérōes)*. O bien es ésta la razón por la que se llaman héroes, o bien porque eran sabios, además de hábiles oradores y conversadores, muy capacitados para «preguntar» *(erōtân)*, puesto que «hablar» *(eírein)* equivale a «decir». Luego como acabamos de mencionar, en ático, los denominados
e héroes vienen a ser los oradores y los expertos «interrogadores» *(erōtetikoí)*, de modo que la estirpe heroica ha pasado a encarnarla el grupo de los oradores y los sofistas.

Pero eso no es difícil de comprender, más difícil es el caso de los hombres, ¿sabrías tú decirme por qué son llamados «hombres» *(ánthrōpoi)*?

HER.–¿Cómo podría, mi buen amigo? Incluso si fuera capaz de averiguar algo, ni lo intentaría, al considerar que tú lo averiguarías mejor que yo.

399*a* SÓC.–Según parece, te fías de la inspiración de Eutifrón.

HER.–Claro está.

SÓC.–Haces bien en fiarte. Justo en este instante creo haber hecho una sutil reflexión y, si no me ando con cuidado, todavía en el día de hoy corro el peligro de volverme más sabio de lo necesario. Mira lo que te digo. Debemos considerar en primer lugar, al respecto de los nombres, que a menudo añadimos o quitamos letras para dar nombres a lo que queremos, e incluso, cambiamos los acentos. Como con *Diì phílos* («predilecto de Zeus»), donde, para que tengamos un nombre en lugar de una frase, suprimimos la segunda *i* y la sílaba del medio la pronunciamos como grave en lugar de como aguda[32]. En otros ejemplos, por contra, añadimos letras y pasamos a pronunciar como agudas las sílabas graves.

HER.–Verdad dices.

SÓC.–En efecto, en mi opinión, el nombre de *ánthrōpos* también ha experimentado una de estas alteraciones, puesto que de frase ha pasado a ser nombre con sólo quitar la letra *a* y hacer grave la última.

HER.–¿A qué te refieres?

SÓC.–A lo siguiente. El sustantivo *ánthrōpos* significa que, mientras los demás animales ni consideran, ni evalúan, ni «examinan» *(anathreî)* lo que ven, los hombres, cuando miran –es decir, al «contemplar» *(ópōpe)*– además «examinan» *(anathreî)* y razonan lo que han contemplado. De ahí que, de todos los animales, únicamente el hombre recibe acertadamente el nombre de *ánthrōpos*, en tanto que «examina lo que contempla» *(anathrôn hà ópōpe)*.

HER.–¿Te puedo preguntar, al hilo de esto, algo de lo que me encantaría informarme?

SÓC.–Desde luego.

HER.–Pues bien, según mi opinión, hay una cuestión que se deriva de esto, ya que, no en vano, hablamos del «alma» *(psychê̄)* y del «cuerpo» *(sôma)* del hombre.

---

32. Esto es, la sílaba del medio pasará a ser átona. Por otra parte, en el nombre resultante, *Díphilos*, el acento recae en la primera sílaba.

Sóc.—¡Cómo no!

Her.—Tratemos, entonces, de analizar estos nombres como hicimos con los anteriores.

Sóc.—¿Propones que examinemos cómo es que, verosímilmente, el alma llegó a adquirir tal nombre y que luego hagamos lo propio con el cuerpo?

Her.—Sí.

Sóc.—Pues, para darte una explicación un tanto improvisadamente, pienso que los que asignaron el nombre del alma tenían en mente algo más o menos así: cuando está presente en el cuerpo, es la responsable de que éste tenga vida, al proporcionarle su facultad respiratoria y «vivificadora» *(anapsy͂chon)*, pero cuando esta facultad vivificadora le abandona, el cuerpo desfallece y muere. De ahí que, en mi opinión, hayan dado en llamarla *psychḗ*. Pero si te apetece, aguarda un momento, que creo entrever una explicación más convincente a ojos de los del círculo de Eutifrón, pues me da la impresión de que podrían desdeñar ésta por considerarla burda. A ver si a ti también te gusta más esta otra.

Her.—Dímela sin más.

Sóc.—¿Qué otra cosa sino el alma te parece a ti que tiene y sustenta la naturaleza de todo el cuerpo de manera que éste pueda vivir y moverse?

Her.—Nada.

Sóc.—¿Qué, entonces? ¿No compartes con Anaxágoras la creencia de que son mente y alma las que ordenan y poseen la naturaleza de todo lo demás?

Her.—Sí.

Sóc.—En consecuencia, a esta facultad que «detenta y sustenta la naturaleza» *(phýsin ocheî kaì échei)* le cuadra perfectamente ser denominada con el nombre de *physéchē*, si bien, para que suene más refinado, se le puede llamar *psychē*.

HER.–Desde luego que sí. Además, esta explicación me parece más técnica que la anterior.

SÓC.–Y es que es así. Sin embargo, suena ridículo llamarla con el nombre que se le puso realmente.

HER.–¿Y qué diremos que pasa con lo que viene después?

SÓC.–¿Te refieres al cuerpo?

HER.–Sí.

SÓC.–Muchas cosas, a mi entender, si se le hace una pequeña, pequeñísima, modificación. En efecto, algunos dicen que el «cuerpo» (*sôma*) es la «tumba» (*sêma*) del alma, en la idea de que se encuentra enterrada en nuestra vida presente. A su vez, dado que el alma señala a través del cuerpo lo que quiere señalar, también por este motivo se le denomina correctamente «signo» (*sêma*). Ciertamente me da la impresión de que este nombre se lo otorgaron fundamentalmente los del círculo de Orfeo, como si el alma estuviera rindiendo las cuentas que ha de saldar y, para «salvaguardarse» (*sôizētai*), utilizara el cuerpo como envoltura a semejanza de una prisión. Por tanto, como el propio nombre indica, se trataría de la «salvaguarda» (*sôma*) del alma, hasta que ésta pague su deuda; y para ello no hay que cambiar ni una sola letra.

HER.–En mi opinión, Sócrates, sobre estos nombres ya se ha hablado lo suficiente. Pero sobre los de los dioses, ¿podríamos investigar, recurriendo al mismo procedimiento con el que hace un rato hablabas de Zeus, si éstos han sido puestos atendiendo a alguna rectitud?

Sóc.–¡Por Zeus que sí, Hermógenes! De estar en nuestros cabales, recurriríamos al procedimiento más precioso de todos: reconocer que de los dioses nada sabemos, ni de ellos ni de los nombres con que se llaman a sí mismos, pues lo que está claro es que ellos emplean los nombres verdaderos. Pero una segunda fórmula para analizar su rectitud sería invocarles según es costumbre en nuestras plegarias, *sea cual sea el nombre y advocación bajo los que les complace ser llamados*[33] y bajo los cuales nosotros les invocamos, ya que de lo demás nada sabemos. En mi opinión, se trata de una excelente costumbre. De modo que, si te apetece, procederemos a nuestra investigación, no sin antes advertir a los dioses de que ésta no versará sobre ellos –pues no nos consideramos dignos de indagar al respecto–, sino sobre los hombres: la idea bajo la cual les otorgaron sus nombres. Esto no nos atraerá su ira.

Her.–Me parece, Sócrates, que has hablado cabalmente, y así lo haremos.

Sóc.–¿Y por dónde habremos de empezar, sino por Hestia, según es costumbre?[34]

Her.–Es lo justo, ciertamente.

Sóc.–¿Qué se podría decir que se le pasaba por la cabeza al que dio en llamar a Hestia *(Hestía)* de tal manera?

Her.–¡Por Zeus! No creo que esto sea una cosa fácil.

Sóc.–Con toda probabilidad, mi buen Hermógenes, los primeros que así la llamaron no eran personas comunes, sino astrónomos y hábiles conversadores.

---
33. Fórmula de invocación a los dioses.
34. Era a Hestia, diosa del hogar, a quien se ofrecían las primicias de los sacrificios.

HER.–¿Por qué?

SÓC.–Me parece evidente que la asignación de nombres es obra de este tipo de personas, y si se examinan los nombres de otros dialectos[35], se descubre en no menor medida lo que cada uno quiere decir. Por ejemplo, lo que en ático llamamos *ousía* («esencia»), hay quienes lo llaman *essía,* y aun quienes lo llaman *ōsía*. En primer lugar, por tanto, es razonable que, de acuerdo con la segunda de las formas, la esencia de las cosas sea llamada Hestia, y que, a su vez, nosotros digamos que lo que participa de la esencia «es». Además, por este motivo es correcto que se le llame Hestia, puesto que, al parecer, también nosotros llamábamos antiguamente *essía* a la *ousía*. Es más, considerándolo en relación con los sacrificios, se podría llegar a la conclusión de que quienes asignaron estos nombres seguían ese razonamiento. En efecto, es plausible que quienes dieron el nombre de *essía* a la esencia de todas las cosas hicieran sacrificios a Hestia antes que a ningún otro dios. Cuantos, por su parte, emplearon *ōsía,* debían de considerar, más o menos como Heráclito, que todos los seres están en movimiento y nada permanece. Comoquiera que la causa y el principio de éstos es la acción de «poner en movimiento» *(ōthoûn),* de ahí que sea correcto denominarlo «fuerza motriz» *(ōsía)*. Dicho quede por parte de quienes nada sabemos de esto.

Pero, tras Hestia, es justo investigar a Rea *(Rhéa)* y a Crono *(Krónos)*. Sin embargo, a Crono ya lo hemos examinado, aunque tal vez no tenga ningún valor lo que te estoy contando.

---

35. Esto es, no en ático, sino en otros dialectos griegos.

HER.–¿Por qué, Sócrates?

SÓC.–Mi buen amigo, me ha venido a la mente como un enjambre de pensamientos.

HER.–¿De qué se trata?

SÓC.–Sonaría completamente ridículo, pero creo que tiene ciertos visos de verosimilitud.

HER.–A saber.

SÓC.–Me parece estar viendo a Heráclito pronunciar antiguas y sabias máximas que se remontan nada menos que a Crono y a Rea, cosas que también Homero decía.

HER.–¿Cómo es esto que dices?

SÓC.–Heráclito viene a decir que *todo discurre, nada permanece,* y comparando a los seres con la corriente de un río afirma que *no podrías entrar dos veces en el mismo río*[36].

HER.–Así es.

SÓC.–¿Entonces? ¿Opinas que el que puso a los padres de los demás dioses el nombre de Rea y de Crono pensaba de manera diferente a Heráclito? ¿Crees acaso que a los dos les puso nombre de ríos por casualidad? Como Homero, que dice: *Océano, de los dioses progenie, y madre Tetis*[37]. Y creo que también Hesíodo[38]. Y Orfeo, que viene a decir:

---

36. El famoso *pánta rheî* («todo fluye»; aquí, *pánta chōreî*: «todo discurre», «avanza»...) y la no menos famosa máxima del río «resultan ser citas tan deformadas que se alejan por completo del genuino pensamiento de Heráclito»; cfr. A. Bernabé, *De Tales a Demócrito*, Madrid, Alianza Editorial, 1988, p. 118.
37. Cfr. *Ilíada* XIV, 201, 302. Esta Tetis *(Tēthys)*, la diosa primordial esposa del Océano, no es la Tetis *(Thétis)* madre de Aquiles.
38. Según *Teogonía* 337 ss., Hesíodo se limita a decir que Tetis y Océano dieron lugar a los Ríos y a las Oceánides, mientras que los dioses –Tetis y Océano incluidos– serían hijos de Gea y Urano; cfr. *Teogonía* 132 ss.

*Océano de bella corriente, el primero en dar inicio al
[matrimonio,
quien a la hermana de una misma madre, a Tetis, des-
[posó[39].* c

Date cuenta de cómo concuerdan unas cosas con otras y de cómo, hacia lo dicho por Heráclito, todo tiende.

HER.–Intuyo, Sócrates, que estás diciendo algo interesante. Sin embargo, no alcanzo a comprender qué quiere decir el nombre de Tetis.

SÓC.–En cambio, poco le falta para revelar por sí mismo que se trata del nombre de «fuente» un tanto disimulado. De hecho, lo que se «filtra» *(diattómenōn)* y «gotea» *(ēthoúmenon)* es la representación de una fuente, y es de estos dos nombres de donde se forma el de Tetis *(Tēthys).* d

HER.–Agudo razonamiento, Sócrates.

SÓC.–¿Por qué no iba a serlo? ¿Pero qué toca después de esto? De Zeus ya hemos hablado, ¿no?

HER.–Sí.

SÓC.–Hablemos entonces de sus hermanos, Poseidón y Plutón, así como del otro nombre con que éste es conocido.

HER.–Perfecto.

SÓC.–Ciertamente, en el caso de Poseidón *(Poseidón),* me da la impresión de que el primero que le llamó por ese nombre lo hizo porque, mientras caminaba, la naturaleza del mar lo detuvo y ya no le permitió proseguir, sino que actuó como un grillete para sus pies. Por lo tanto, al dios e

---

39. Cfr. Fr. 15 Kern.

que domina esa fuerza pasó a llamarlo Poseidón, en la idea de que es un «grillete para los pies» *(posídesmon)*, y la *e*, probablemente, haya sido añadida como adorno. Pero tal vez no se pronunciara así, sino que originalmente hubiera dos *l* en lugar de la *s*, considerando que es un dios que «sabe mucho» *(pollà eidótos)*. O puede que por su capacidad de «sacudir» *(seîen)*, haya sido llamado «sacudidor» *(ho seíōn)*, a lo que se le ha añadido la *p* y la *d*.

403a

Por lo que respecta a Plutón *(Ploútōn)*, recibió este nombre en tanto que dispensador de «riqueza» *(ploûtos)*, dado que la riqueza surge del interior de la tierra. Y en lo tocante a Hades *(Háidēs)*, me da la sensación de que la mayoría cree que con ese nombre se invoca «lo invisible» *(aidés)*, y por superstición lo llaman Plutón.

HER.–¿Y a ti qué te parece, Sócrates?

b

SÓC.–Lo que a mí me parece es que los hombres andan muy equivocados respecto al poder de este dios, y que lo temen injustamente. Y lo temen porque cuando uno de nosotros muere, permanecemos allí para siempre y porque el alma acude junto a él desprovista de su cuerpo, cosa a la que tienen pavor. Por mi parte, considero que todo confluye en un mismo punto, tanto el poder del dios como su nombre.

HER.–¿Cómo?

c

SÓC.–Te voy a decir cuál es mi parecer. Pero contéstame tú: ¿de las ataduras que hacen que un ser cualquiera permanezca ligado a un lugar determinado, cuál es más fuerte: la necesidad o el deseo?

HER.–El deseo, Sócrates; con mucha diferencia.

SÓC.–¿Acaso no crees que muchos huirían de Hades si no atara con la atadura más sólida a los que allí acuden?

HER.–Está claro.

SÓC.–Luego parece ser que, si les ata con la mayor atadura, les atará con algún deseo, y no con la necesidad.

HER.–Evidentemente.

SÓC.–¿Y acaso no existen numerosos deseos?

HER.–Sí.

SÓC.–En consecuencia, si lo que pretende es retenerlos con la mayor atadura, los atará con un deseo mayor que todos los demás.

HER.–Efectivamente.

SÓC.–¿Y existe acaso un deseo mayor que cuando un hombre, al entrar en relación con otro, piense en llegar a ser mejor persona gracias a él?

HER.–¡Por Zeus, Sócrates, de ninguna manera!

SÓC.–En consecuencia, Hermógenes, habremos de decir que es ésta la causa por la que ninguno de los que allí se encuentran quiere regresar aquí, ni las propias Sirenas[40], sino que tanto ellas como el resto se encuentran hechizados de tan cautivadoras como son las palabras que, al parecer, Hades sabe emplear. Es este dios, a juzgar por tal motivo, un perfecto sofista y un gran benefactor de quienes le rodean, él, que tan grandes bienes propicia también a los de aquí arriba. En efecto, son tan abundantes los bienes de los que allí dispone, que por eso lleva el nombre de Plutón. Por lo demás, él no desea estar en compañía de los hombres mientras éstos conservan sus cuerpos, sino que sólo se junta con ellos una vez

---

40. Existen tres tipos de Sirenas, de las cuales unas se asocian a Poseidón, otras a Zeus y otras, ctónicas y purificadoras, a Hades. Era común que se colocara su figura sobre las tumbas.

404a que el alma se ve limpia de todos los vicios y deseos del cuerpo. ¿No te parece propio de un filósofo y de quien ha considerado acertadamente que sólo atándolos al deseo de la virtud podrá retenerlos, mientras que de conservar el arrebato y la locura del cuerpo, ni siquiera su padre Crono podría sujetarlos encadenándoles con sus míticas ligaduras?[41]

HER.–Es muy posible que estés en lo cierto, Sócrates.

b SÓC.–De modo, Hermógenes, que el nombre de Hades está lejos de derivar de «lo invisible» *(aidés)*, sino que más bien fue por «conocer» *(eidénai)* todo lo hermoso por lo que el legislador lo llamó Hades.

HER.–De acuerdo. ¿Pero qué decimos de Deméter, Hera, Apolo, Atenea, Hefesto, Ares y los demás dioses?

SÓC.–Deméter *(Dēmétēr)* parece recibir su nombre por el don del alimento que «como madre nos da» *(didoûsa hōs métēr)*.

c Hera *(Héra)*, por su parte, es «adorable» *(eratē)*, y es fama que Zeus, rendido de adoración por ella, la tomó como esposa. Aunque tal vez, el legislador, ocupado en fenómenos celestes, llamó Hera al «aire» *(aér)* y lo disimuló poniendo la primera vocal al final. Lo comprenderás si repites muchas veces el nombre de Hera.

Pherréphatta; muchos temen este nombre, así como el de Apolo, por ignorancia, al parecer, sobre la rectitud de los nombres. En efecto, al alterarlo, lo que contemplan

---

41. Aquellas con las que sus hijos Zeus, Poseidón y Plutón le encadenaron en el Tártaro; cfr. *Ilíada* XIV, 203-204.

es Perséfone *(Phersephóne),* y les resulta terrorífico[42], mientras que lo que indica es que la diosa es sabia. De hecho, en tanto que las cosas se mueven, aquello que hace presa en ellas, las toca y es capaz de acompañarlas, es la sabiduría. Así pues, la diosa recibiría acertadamente el nombre de *Pherépapha* gracias tanto a su sabiduría como «al contacto con lo que está en movimiento» *(epaphḗn toû pheroménou),* o algo parecido –precisamente por esta razón, por ser como es, el sabio de Hades vive con ella–. Ahora, sin embargo, atendiendo más a la eufonía que a la verdad, le han modificado el nombre y la llaman *Pherréphatta.*

Pero, como te digo, ha ocurrido lo mismo con Apolo *(Apóllōn):* que la mayoría le tiene pánico al nombre del dios, en la idea de que manifiesta algo terrible[43]. ¿O no te has dado cuenta?

HER.–Desde luego, y tienes razón.

SÓC.–Sin embargo, en mi opinión, este nombre se adecua espléndidamente a la facultad del dios.

HER.–¿Cómo, pues?

SÓC.–Voy a tratar de decirte cuál es mi parecer: no hay, en efecto, ningún otro nombre que, siendo uno sólo, se ajuste más a las cuatro facultades del dios, hasta el punto de abarcarlas todas y poner de manifiesto de alguna manera sus cualidades musicales, mánticas, médicas y flechadoras.

---

42. No en vano lo interpretan como «portadora de muerte». Por su parte, *Pherréphatta* es la forma que encontramos en las inscripciones áticas en prosa.
43. El nombre del dios puede evocar el verbo *apóllymi,* que significa «aniquilar», «arruinar»...

HER.–Entonces dime, pues, por lo que me cuentas, se trata de un nombre fuera de lo común.

SÓC.–Pero armonioso, ya que, no en vano, se trata de un dios músico. Porque, en primer lugar, la purificación y las purgas, ya sea conforme a la ciencia médica o a la mántica, y las lustraciones por medio de remedios medicinales o mágicos, así como las abluciones y aspersiones previstas en ellos, se podría todo ello resumir en un solo punto: volver al hombre puro de cuerpo y alma. ¿O no?

HER.–Ciertamente.

SÓC.–¿Y acaso no sería éste el dios que purifica, «lustra» *(apoloúōn)* y «libera» *(apolyōn)* de tales males?

HER.–Desde luego.

SÓC.–Por tanto, en virtud de estas liberaciones y lustraciones, y como sanador de dichos males, se le habría de llamar correctamente *Apoloúon* («lustral»). Y conforme a la adivinación, la verdad y la sinceridad –que son la misma cosa–, habría que llamarlo, en aras de la rectitud, como lo llaman los tesalios: *Áploun* («sincero»). En efecto, así llaman todos los tesalios a este dios. Y como dominador que es de las técnicas del arco y por estar continuamente flechando es *Aeibállon* («constante flechador»). En relación al arte musical, conviene tener presente que, como en «acompañante» *(akólouthon)* y «cónyuge» *(ákoitin)*, la *a* muchas veces significa «conjuntamente» *(homoû)*. En este caso se refiere al «movimiento conjunto» *(tḕn homoû pólēsin)*, ya sea el que se da alrededor del cielo, al que llaman «rotación» *(pólos)*, ya sea el referente a la armonía en el canto y es llamado «compás» *(symphōnía);* porque, como aseguran los versados en música y astronomía, todas estas cosas se mueven al mismo tiempo en virtud de una cierta armonía. Así, este dios preside la armonía imprimiendo un «movimiento conjunto» *(homopolôn)* a todas esas cosas, tanto entre los dioses como entre los hombres. De manera que al igual que al que «comparte el camino» *(homokéleuthon)* y «comparte el lecho» *(homókoitin)* se le llama «acompañante» *(akólouthon)* y «cónyuge» *(ákoitin)* con sólo cambiar el *homo* por la *a*, así también acabó siendo llamado Apolo *(Apóllōn)* quien era Homopolo *(Homopolôn)*, pero añadiendo una segunda *l* porque coincidía con la palabra funesta[44]. Bajo esta suposición, por no examinar correctamente la fuerza expresiva del nombre, todavía algunos lo temen, en la idea de que entraña el sentido de aniquilación. Y, sin embargo, ha sido asignado, como decíamos hace poco, de manera que abraza todas las facultades del dios, en tanto que es «sincero» *(Áploun)*, «constante flechador» *(Aeibállon)*, «lustral» *(Apoloúon)* y que «imprime un movimiento conjunto» *(Homopolôn)*.

En cuanto a las Musas y a la música en general, según parece, recibieron tal nombre del hecho de «perseguir vivamente» *(môsthai)*, así como de la investigación y el deseo de conocimiento.

Leto *(Lētô)*, por su parte, deriva de la bondad de la diosa, por lo «benévola» *(ethelémona)* que se muestra ante lo que se le ruega. Pero quizá sea como la llaman en otros dialectos; en efecto, mucha gente la llama *Lethó*, y es más que verosímil que quienes así la llaman lo hagan por lo nada agrio, sino dulce y «afable» *(leîon)* de su «carácter» *(éthos)*.

---

44. Esto es, con *apolôn*, «el que aniquila», participio del verbo referido en la nota anterior.

b   En cuanto a Ártemis *(Ártemis)*, su nombre parece responder a la «integridad» *(artemés)* y recato derivados de su voluntad de doncellez. Aunque tal vez, el que la asignó el nombre quiso llamar a la diosa «conocedora de la virtud» *(aretês hístora)*, o quizá movido por la idea de que «detesta la siembra» *(ároton misēsásēs)* del varón en la mujer. Por uno de esos motivos o por todos ellos juntos, le asignó tal nombre a la diosa aquel que se lo puso.

HER.–¿Y qué hay de Dioniso y de Afrodita?

SÓC.–¡Menudas preguntas que me haces, hijo de Hipónico! Así es, la forma en que han sido puestos los nombres de estos dioses tiene su lado serio y su lado divertido.

c   El serio pregúntaselo a otros, pero nada me impide que te explique el divertido, pues también los dioses tienen sentido del humor. En efecto, Dioniso *(Diónysos)* habría sido llamado a modo de broma «el que da el vino» *(Didoínysos)*, mientras que al vino, en tanto que hace creer a la mayoría de los que lo beben que están lúcidos cuando no lo están, sería de toda justicia llamarlo *oiónous* («que convence de estar lúcido»). Y por lo que respecta a Afrodita

d   *(Aphrodíta)*, no merece la pena contradecir a Hesíodo[45], sino coincidir con él en que fue llamada así por su nacimiento de la «espuma» *(aphrós)*.

HER.–Pero siendo ateniense, Sócrates, no querrás olvidarte de Atenea, ni de Hefesto y Ares.

SÓC.–Ni sería conveniente.

HER.–Ciertamente no.

SÓC.–Pues bien, no resulta difícil explicar el motivo de su otro nombre.

---

45. Cfr. *Teogonía* 191-192.

Her.–¿Cuál?
Sóc.–Nosotros la llamamos Palas *(Pállas)*, ¿lo sabías?
Her.–Cómo no.
Sóc.–Si consideramos que este nombre le ha sido asignado, como yo creo, a consecuencia de su danza de las armas, estaríamos ante una consideración correcta. De hecho, a la acción de elevarse a sí mismo o a alguna otra cosa del suelo o empleando las manos lo llamamos «agitar» *(pállein)* y «agitarse» *(pállesthai)*, esto es, hacer bailar y bailar.
Her.–Ciertamente.
Sóc.–De ahí que la llamemos Palas.
Her.–Y con razón. ¿Pero el otro cómo lo explicas?
Sóc.–¿El de Atenea?
Her.–Sí.
Sóc.–Éste es de mayor enjundia, amigo. Parece, no obstante, que los antiguos pensaban, al respecto de Atenea, como los actuales estudiosos de Homero. La mayoría de ellos, de hecho, sostienen, a la hora de comentarle, que el poeta quiso personificar en Atenea *(Athéna)* la mismísima inteligencia y el pensamiento. El creador de nombres parece haber tenido un concepto parecido acerca de ella, o aún mayor, al llamarla «inteligencia de dios» *(theoû nóēsis)*, como queriendo decir que ella es la «inteligencia divina» *(ha theonóa)*, empleando la *a* dialectal en lugar de la *ē* y eliminando la *i* y la *s*. Pero tal vez no fuera ésa la razón, sino que la llamó *Theonóē* porque poseía un «conocimiento de las cuestiones divinas» *(tà theîa nooúsēs)* mejor, con diferencia, que los demás. Aunque tampoco hay que descartar que haya querido llamarla *Ēthonóē* en la idea de que esta diosa encarna la «inteli-

e

407*a*

b

c gencia de carácter» (*éthei nóēsis*). Más tarde, él o algún otro, pensando que embellecían el nombre, pasaron a denominarla Atenea.

HER.–¿Y del de Hefesto (*Héphaistos*) qué me cuentas?

SÓC.–¿Me estás preguntando por el formidable «dominador de la luz» (*pháeos hístōr*)?

HER.–Está claro.

SÓC.–¿No resulta evidente para todos que se trata de Festo (*Phaîstos*, «luminoso»), con el añadido de una *e*?

HER.–Seguramente, a no ser que tengas aún otra opinión, como sería de esperar.

SÓC.–Pues para evitarlo, pregúntame por Ares.

HER.–Te pregunto.

d SÓC.–Si así lo quieres, Ares (*Árēs*) tendría tal nombre en virtud de su hombría (*árren*) y coraje; o aún por su natural recio e inflexible, esto es, «inquebrantable» (*árraton*), también por ese motivo a un dios de la guerra le cuadra de todas todas el nombre de Ares.

HER.–Desde luego que sí.

SÓC.–¡Por los dioses! Dejemos ya de un lado a los propios dioses, que me inspira un cierto temor hablar acerca de ellos. Pero plantéame cualquier otra cuestión que se te antoje, ¡que vas a ver tú lo briosos que son los caballos de Eutifrón![46]

HER.–Eso haré, pero permíteme todavía una pregunta acerca de Hermes, dado que Crátilo asegura que no soy Hermógenes. Tratemos de examinar qué significa el nombre de Hermes, para que sepamos si tiene algún fundamento lo que él dice.

---

46. Parodia de *Ilíada* V, 221, VIII, 105.

Sóc.–Bien; parece que este nombre de Hermes tiene cierta relación con la palabra. De hecho, es «intérprete» (*hermēneús*), mensajero, ladrón, embaucador y comerciante, actividades todas ellas vinculadas al poder de la palabra. Como decíamos anteriormente, «hablar» (*eírein*) es hacer uso de la palabra; es más, Homero en muchas ocasiones emplea el término «ideó» (*emḗsato*) con el sentido de «maquinar». Sirviéndose, pues, de estas dos palabras, el legislador nos presenta a este dios como aquel que ideó el hablar y la palabra:

Humanos, a quien ideó el hablar [eírein emḗsato] *en*
[*justicia habríais de llamarlo Eirémes*.

Sin embargo, nosotros ahora, en la idea de que embellecemos el nombre, lo llamamos Hermes. [También Iris, en su calidad de mensajera, parece recibir su nombre a partir del verbo «hablar» (*eírein*)][47].

Her.–¡Por Zeus! Me da la impresión de que Crátilo estaba en lo cierto cuando decía que yo no soy Hermógenes, porque no me manejo nada bien con la palabra[48].

Sóc.–Sin embargo es plausible, compañero, que Pan sea el hijo de doble naturaleza de Hermes.

Her.–¿Cómo?

Sóc.–Tú sabes que la palabra expresa el sentido de «todo» (*pân*), que circula y siempre está en movimiento, y que es de naturaleza doble, tanto verdadera como falsa.

---

47. Pasaje generalmente considerado como una interpolación.
48. Cfr. nota 4.

HER.–Ciertamente.

SÓC.–Por tanto, su lado suave y verdadero habita arriba, entre los dioses, mientras que el falso se encuentra aquí abajo, entre la muchedumbre de los mortales, así como el áspero y trágico[49], ya que es ahí, en el mundo de la tragedia, donde tienen lugar la mayor parte de los mitos y falsedades.

HER.–Ciertamente.

SÓC.–En consecuencia, aquel que «todo» (*pân*) lo da a conocer y está «continuamente en movimiento» (*aeì polôn*) justamente habrá de ser Pan, el Cabrero (*aipólos*), el hijo de doble naturaleza de Hermes; suave en sus miembros superiores, y áspero y caprino en los inferiores. Con lo que Pan es o bien la palabra, o bien hermano de la palabra, si es que es hijo de Hermes, pues no hay nada de extraordinario en que un hermano se parezca a su hermano. Pero, como te decía, mi dichoso amigo, dejemos de un lado a los dioses.

HER.–Dejemos a éstos, si quieres, Sócrates. ¿Pero qué te impide tratar sobre otras cosas, tales como el sol, la luna, las estrellas, la tierra, el éter, el aire, el fuego, el agua y las estaciones del año?

SÓC.–Mucho pides tú; sin embargo, si va a ser de tu agrado, lo haré encantado.

HER.–¡Vaya si me va a agradar!

SÓC.–¿Qué prefieres en primer lugar? ¿Nos ponemos con el «sol» (*hḗlios*), como has dicho?

HER.–De acuerdo.

SÓC.–Parece, desde luego, que sería mucho más claro si se empleara la forma dórica del nombre, *hálios,* que es

---

49. El adjetivo *tragikós* significa también «caprino».

como los dorios denominan al sol, y que derivaría tanto del hecho de que «reúne» *(halízein)* a los hombres en un mismo punto cuando sale, como del hecho de que «gira continuamente» *(aeì eileîn)* en su recorrido alrededor de la Tierra, o incluso porque, al parecer, pinta de diversos colores los productos de la tierra, y pintar y «colorear» *(aioleîn)* es lo mismo.

HER.–¿Y qué hay de la «luna» *(selénē)*?

SÓC.–Parece que este nombre pone en entredicho a Anaxágoras.

HER.–¿Por qué?

SÓC.–Porque parece demostrar que la reciente teoría que él sostenía de que la luna toma su luz del sol es bastante antigua.

b

HER.–¿A qué te refieres?

SÓC.–A que el «resplandor» *(sélas)* y la «luz» *(phôs)* vienen a ser lo mismo.

HER.–Efectivamente.

SÓC.–Ahora bien, si los seguidores de Anaxágoras dicen la verdad, la luz que circunda la luna es siempre nueva y vieja, ya que el Sol, en su continuo recorrido alrededor de ella, le está continuamente vertiendo luz nueva, mientras que la vieja es del mes anterior.

HER.–Ciertamente.

SÓC.–Muchos la llaman *Selanaía.*

HER.–Así es.

SÓC.–En efecto, «siempre conserva su resplandor nuevo y viejo» *(sélas néon te kaì hénon échei aeí),* por lo que mucho más justamente habría de ser llamada *Selaenoneoáeia,* pero, una vez abreviado el nombre, queda *Selanaía.*

c

HER.–Un tanto ditirámbico ese nombre, Sócrates. ¿Pero cómo explicas el mes y las estrellas?

SÓC.–La palabra «mes» (*meís*) debería ser llamada, con propiedad, *meíēs* («menguante»), ya que deriva del verbo «menguar» (*meioûsthai*). Las estrellas, al parecer, reciben su denominación del «relámpago» (*astrapḗ*), que, a su vez, en tanto que «hace volver» (*anastréphei*) la vista, debería ser *anastrōpḗ*, pero actualmente se le llama *astrapḗ* para embellecerlo.

HER.–¿Y qué hay del fuego y del agua?

d SÓC.–Ante el «fuego» (*pŷr*) ando un poco apurado. Corro el riesgo de que la musa de Eutifrón me haya abandonado, o de que se trate de un nombre extremadamente difícil. En todo caso, observa qué truco aplico para todos los de este tipo que se me resisten.

HER.–A ver cuál.

SÓC.–Te lo diré, pero contéstame: ¿puedes decirme de qué manera llega a recibir su nombre el fuego?

HER.–¡Por Zeus que no puedo!

e SÓC.–Observa lo que yo sospecho al respecto. Entiendo que los griegos, y en particular los que viven bajo la influencia de los bárbaros, han tomado muchas palabras de éstos.

HER.–¿Por consiguiente?

SÓC.–Pues que si uno investiga con qué criterio han sido asignados estos nombres atendiendo a la lengua griega, en vez de a aquella de la que el nombre procede, ya sabes que se verá en un aprieto.

HER.–Naturalmente.

410a SÓC.–Atento, pues, a que la palabra «fuego» no sea bárbara, porque, de hecho, no es fácil de adaptar a la lengua griega, y es evidente que los frigios lo llaman así con una pequeña variación. Lo mismo pasa con el «agua» *(hydōr)*, los «perros» *(kynas)* y muchas otras.

HER.–Así es.

SÓC.–Ciertamente no debemos forzar su explicación, por más que haya algo que decir sobre ellos. Por tanto, de esta manera me quito de encima el fuego y el agua.

El «aire» *(aḗr)*, Hermógenes, ¿acaso recibe su nombre porque «levanta» *(aírei)* las cosas de la tierra? ¿Porque «siempre corre» *(aeì rheî)*? ¿Porque de sus ráfagas surge el viento? No en vano, los poetas llaman «brisas» *(aḗtas)* a los vientos. O tal vez quiera decir «brisa que corre» *(aētórroun)*, como si estuviera diciendo «ráfaga de viento» *(pneumatórroun)*. En cuanto al «éter» *(aithḗr)*, esto es lo que yo sospecho: ya que «continuamente» *(aeí)* «discurre» *(theî)* fluyendo por el «aire» *(aḗr)*, en justicia habría de ser llamado *aeitheḗr*.

b

La tierra, por su parte, manifiesta mejor lo que pretende decir si se la denomina Gea, pues en sentido estricto debería ser llamada «generadora» *(gennḗteira)*, como proclama Homero, que, de hecho emplea el vocablo *gegáasin* para «ser generado» *(gegennêsthai)*.

c

Pero, basta. ¿Qué nos tocaba después de esto?

HER.–Las «estaciones» *(hôrai)*, Sócrates, y las dos formas de designar el año: *eniautós* y *étos*.

SÓC.–Las estaciones, si quieres saber su posible significado, has de pronunciarlas al antiguo modo ático. En efecto, son «estaciones» *(hôrai)* porque «establecen» *(horízein)* los inviernos, los veranos, los vientos y los frutos de la tierra, y en tanto que establecen, en justicia habría que llamarlas *hórai*⁵⁰.

d Por su parte, *eniautós* y *étos* son seguramente una misma cosa. No en vano, a lo que lleva a la luz a las plantas y a los animales, sacando a cada uno en su momento oportuno y examinándolo «en sí mismo» *(en hautôi)*, unos lo llaman *eniautós*, por lo de «en sí mismo», y otros *etós*, porque examina *(etázei)*. Estamos en las mismas que en los ejemplos anteriores, en que el nombre de Zeus se escindía en dos partes y unos lo llamaban *Zêna* y otros *Día*. La secuencia completa sería «lo que examina en sí mismo» *(en heautôi etázon)*, pero esto, tratándose de una sola frase, al pronunciarse en dos tiempos, da como re-
e sultado dos palabras a partir de una sola locución: *eniautós* y *etós*.

HER.–¡Desde luego, Sócrates, cuánto has progresado!

SÓC.–Me da la impresión, al menos eso creo, de que he avanzado bastante en el terreno del saber.

HER.–Pero que mucho.

SÓC.–Con mayor motivo lo dirás ahora mismo.

411a HER.–Pero después de este tipo de términos, me encantaría examinar la rectitud con que han sido puestos esos hermosos nombres relativos a la virtud, como el «entendimiento» *(phrónēsis)*, la «comprensión» *(syneesis)*, la «justicia» *(dikaiosýnē)* y todos los demás de ese estilo.

SÓC.–Suscitas, amigo, un género de palabras nada simple. Sin embargo, ya que me he puesto la piel de león en-

---

50. Esto es, con *o* breve *(ó-micron)* en lugar de *o* larga *(o-mega)*.

cima[51], no es hora de amedrentarse, sino de examinar como conviene el entendimiento, la comprensión, el discernimiento, el conocimiento y todas esas otras hermosas palabras a las que te refieres.

HER.–Desde luego que no debemos echarnos atrás antes de tiempo.

SÓC.–¡Por el perro![52] Ciertamente me da la sensación de que no se me da nada mal esto de adivinar a tenor de lo que se me acaba de ocurrir: que las antiquísimas personas que pusieron los nombres, al igual que la mayoría de los sabios de hoy día, de tanto dar vueltas en pos de la naturaleza de los seres, sufren mareos; de ahí que les parezca que las cosas giran y se mueven en todas direcciones. Sin embargo, no responsabilizan de esa creencia a su propia condición interna, sino que consideran que las cosas son así por su misma naturaleza y que ninguna de ellas es firme y estable, sino que fluyen y se mueven y siempre están llenas de todo movimiento y generación. Digo esto al hilo de mi reflexión acerca de las palabras recién mencionadas.

HER.–¿Cómo es eso, Sócrates?

SÓC.–Tal vez no has comprendido lo que te acabo de decir: que todas las cosas reciben su nombre en la idea de que se mueven, fluyen y se generan.

HER.–Pues ni lo había considerado.

SÓC.–Para empezar, el nombre que dijimos en primer lugar se ajusta por completo a tal idea.

---

51. Se puede referir a la piel imperforable del león de Nemea que pasó a formar parte del vestuario de Heracles, o bien a la fábula esópica según la cual un asno recubierto con una piel de león iba espantando a los demás animales.
52. Juramento coloquial. Ver nota 11, pág. 46.

HER.—¿Cuál era?

SÓC.—El «entendimiento» *(phrónēsis)*, que, no en vano, es «intelección del movimiento y del fluir» *(phorâs... rhoû nóēsis)*. Y, aunque sería posible entenderlo como «disfrute del movimiento» *(phorâs ónēsis)*, seguiría, no obstante, refiriéndose al hecho de moverse. En cuanto al «discernimiento» *(gnṓmē)*, si quieres, queda absolutamente claro que es estudio y «observación de la generación» *(gonês nṓmēsis)*, pues estudiar y observar es lo mismo. Y si lo prefieres, la propia «intelección» *(nóēsis)* es la «tendencia a lo nuevo» *(néou hésis)*, y el hecho de que las cosas sean nuevas significa que se generan continuamente. Por lo tanto, el que asignó tal nombre lo hizo como *neóesis* queriendo expresar que el alma tiende a lo nuevo; no en vano, antiguamente no se decía *nóesis*, ya que, en lugar de una *e* larga se debían pronunciar dos breves: *noéesis*. La «prudencia» *(sōphrosynē)*, por su parte, sería la «salvaguarda» *(sōtēría)* de lo que acabamos de examinar, del «entendimiento» *(phrónēsis)*. Y el «conocimiento» *(epistḗmē)* expresa que el alma digna de consideración «sigue» *(hepoménē)* a las cosas en movimiento sin quedarse rezagada ni tomarles la delantera, de ahí que sea preciso añadirle una *h* y llamarla *hepistḗmē*[53]. A su vez, la «comprensión» *(sýnesis)* parece equivaler en líneas ge-

---

53. Es decir, hay que pronunciarla de forma aspirada. La aspiración, efectivamente, se expresaba gráficamente mediante el signo H, letra que dejó de aparecer anotada en las inscripciones a partir del siglo VI a. C. La representación de la aspiración en las ediciones de textos por medio del llamado «espíritu áspero», así como la invención del «espíritu suave», se remonta a finales del siglo III a. C. y se atribuye al gramático Aristófanes de Bizancio.

nerales al «razonamiento» *(syllogismós)*, pues cuando se dice «comprender» *(syniénai)*, resulta que se está diciendo exactamente lo mismo que «conocer» *(epístasthai)*[54]. En efecto, «comprender» significa que el alma avanza conjuntamente a las cosas. En cambio, la «sabiduría» *(sophía)* significa «tocar el movimiento» *(phorâs epháptesthai)*, por más que se trate de un término bastante oscuro y ajeno a nosotros. No obstante, es preciso recordar que a menudo los poetas dicen «se lanzó» *(ésthē)* cuando algo comienza a avanzar rápidamente. De hecho, había un famoso espartano que se llamaba *Soûs*, pues ése es el nombre que los lacedemonios dan al impulso veloz. La sabiduría, por tanto, expresa el «contacto» *(epaphē)* con el movimiento, en la idea de que los seres se mueven.

b

En cuanto a lo «bueno» *(agathón)*, es palabra que busca aplicarse a cuanto de admirable *(agastón)* hay en toda la naturaleza. Comoquiera que los seres se desplazan, unos lo harán con rapidez, otros con lentitud. Ahora bien, lo rápido no es admirable en su conjunto, sino sólo en parte, y es esa «parte admirable de lo rápido» *(thooû agastôi)* la que recibe la denominación de «bueno» *(agathón)*.

c

En lo tocante a la «justicia» *(dikaiosynē)*, es fácil de intuir que tal nombre le ha sido dado a la «comprensión de lo justo» *(dikaíou synései)*, si bien el concepto de «justo» en sí es dificultoso. De hecho, hasta un cierto punto parece haber consenso por parte de la mayoría, pero a par-

d

---

54. Literalmente, *syniénai* y *epístasthai* significan «marchar con» y «estar sobre», respectivamente.

tir de ahí comienzan a disentir. Así es; cuantos consideran que el universo está en movimiento suponen que su mayor parte es de tal índole que no hace otra cosa que desplazarse, y que a través de él transita un cierto principio gracias al cual se generan todos los seres. Un principio en extremo rápido y sutil, pues, de lo contrario, esto es, de no ser tan sumamente sutil que nada se le alzase como impedimento y de no ser tan rápido que pudiera servirse del resto de cosas como si éstas se mantuvieran inmóviles, no podría atravesar el universo. Así pues, dado que rige, «atravesándolas» *(diaïón)*, todas las cosas, este principio recibe acertadamente el nombre de «justo» *(díkaion)*, añadiendo el apoyo de una *k* para facilitar su pronunciación.

Hasta este punto, como acabamos de decir, la mayoría reconoce que esto es lo justo. Pero, infatigable como soy a este respecto, Hermógenes, me vine a informar de todos estos asuntos en conversaciones secretas: lo justo es, asimismo, la «causa», puesto que la causa es aquello «por lo que» *(di' hó)* una cosa ocurre. Y alguien añadió que con toda razón se podía llamar también *Día* (Zeus) por este motivo. Sin embargo, cuando, tras haberles escuchado, les pregunto con toda tranquilidad, ni más ni menos, «Entonces, excelentísimo amigo, ¿qué es lo justo, si esto es así?», parece que ya estoy inquiriendo más de lo conveniente y que estoy yendo más allá de los límites permitidos. Me responden que ya me he informado lo suficiente y, con la intención de hartarme, empiezan a decir cada uno una cosa y ya no se ponen de acuerdo. Uno asegura que lo justo es el sol, puesto que es el único que rige las cosas «atravesándolas y calentándolas» (*diaïónta kaì káonta*). De modo que cuando, contento de haber oído algo hermoso, le cuento esto mismo a otro, se ríe al escucharme y me pregunta si es que pienso que, una vez puesto el sol, no hay nada justo entre los hombres. Pero como insisto en que me dé otra explicación, me contesta que el fuego, lo cual no es fácil de entender. Otro asegura que no se trata del fuego en sí, sino del calor que alberga en su interior. Y otro, riéndose de todas estas explicaciones, sostiene que lo justo es, como dice Anaxágoras, la «inteligencia» *(noûs)*, dado que es autónoma, no se mezcla con nada y dota de orden a todas las cosas pasando a través de ellas. En ese punto, querido, me veo en un aprieto mucho mayor que antes de tratar de comprender en qué podía consistir lo justo. No obstante, parece claro que ese nombre, el objeto, al fin y al cabo, de nuestra investigación, ha sido asignado por esos motivos.

HER.–Me parece, Sócrates, que eso se lo has escuchado a alguien y no es improvisación tuya.

SÓC.–¿Y lo demás?

HER.–Desde luego que no.

SÓC.–Atiende, pues; ya que tal vez podría engañarte diciéndote que no he escuchado a nadie lo que viene a continuación. Porque, ¿después de la justicia qué nos queda? Creo que aún no hemos revisado la «valentía» *(andreía)*. Lo que está claro es que la injusticia se erige como impedimento de lo que atraviesa, mientras que la valentía ofrece signos de haber recibido su nombre en la lucha –en realidad, en el caso de que ésta fluya, la lucha no es otra cosa que el «flujo en sentido contrario» *(enantía rhoê)*–; de manera que, si le quitamos la *d* a la palabra *andreía*, el resultado, *anreía*, pone de manifiesto dicha actividad. Ahora bien, la valentía no es un flujo contrario a todo flujo, sino sólo a aquel que fluye contra lo justo; de no ser así, la valentía no recibiría alabanzas. También lo «viril» (*árren*) y el «hombre» (*anḗr*) están próximos a la idea del «flujo hacia arriba» (*ánō rhoḗ*). La «mujer» (*gynḗ*), por su parte, me parece relacionarse con el «nacimiento» (*gonḗ*), mientras que lo «femenino» (*thêly*) parece recibir su nombre de la «teta» (*thelḗ*). ¿Y acaso, Hermógenes, no se le llama así porque hace «lozanear» (*thállein*), como las plantas cuando se las riega?

HER.–Eso parece, Sócrates.

SÓC.–La propia palabra «lozanear» representa, a mi juicio, el rápido y súbito crecimiento de los jóvenes. Y es eso precisamente lo que el legislador ha imitado con dicha palabra, forjando el nombre a partir de «correr» (*theîn*) y «saltar» (*hállesthai*). ¿Pero no te das cuenta de que me salgo del camino trazado tan pronto como encuentro un terreno llano? Todavía nos queda un buen puñado de asuntos en apariencia comprometidos.

HER.–Verdad dices.

SÓC.–Uno de ellos es ver qué quiere decir la palabra «arte» (*téchnē*).

HER.–Por descontado.

SÓC.–¿No significa, acaso, «posesión de inteligencia» (*héxis noû*), quitándole la *t* y añadiéndole una *o* entre la *ch* y la *n* y entre la *n* y la *ē*?[55]

HER.–Demasiado rebuscado, Sócrates.

---

55. El resultado es *echonóē*, es decir, «poseedor de inteligencia».

Sóc.–Dichoso Hermógenes, ¿no sabes que los primeros nombres que se pusieron ya han sido sepultados por quienes querían dotarles de gran solemnidad, añadiéndoles o quitándoles letras en aras de la eufonía y desfigurándoles por todas partes, tanto por afán de embellecimiento como por obra del tiempo? ¿Es que no te parece absurdo haber insertado una *r* en la palabra *kátoptron* («espejo»)?[56] En mi opinión, los que se dedican a tales cosas son gente que no se preocupan en absoluto de la verdad, sino de engalanar su dicción, llegando al extremo de recargar con tantos elementos las palabras que ni una sola persona es capaz de comprender qué quieren decir; como cuando a la Esfinge la llaman *Sphínx* en vez de *Phíx*[57], y tantos otros ejemplos.

Her.–Eso es así, Sócrates.

Sóc.–Pero, a su vez, si se permite añadir y restar a la palabra lo que se quiera, la posibilidad de adaptar cualquier nombre a cualquier cosa será grande.

Her.–Verdad que es, Sócrates.

Sóc.–Y tanto que es verdad. Pero pienso que tú, en tanto que sabio supervisor, debes velar por el equilibrio y la verosimilitud.

Her.–Eso querría.

Sóc.–Y yo comparto tu deseo, Hermógenes. No obstante, amigo, no te muestres demasiado puntilloso,

no sea que debilites mi ardor[58].

---

56. Sin la *r kátoptron* se asemejaría a palabras del corte etimológico de «óptico», etc.
57. La *Phíx* sería un monstruo legendario independiente, en principio, de la Esfinge, pero con quien acabaría confundiéndose.
58. Cfr. *Ilíada* VI, 265.

No en vano, me aproximo ya a la cima de lo que he dicho, una vez que, después del «arte», hayamos examinado la «industria» (*mēchanḗ*).

En efecto, a mi juicio el significado de «industria» es el de «avanzar un largo trecho» (*ánein epì polý*), pues un «largo trecho» viene a significar «distancia» (*mêkos*). Así pues, de la combinación de ambos términos, *mêkos* y *ánein*, resulta la palabra *mēchanḗ*. Sin embargo, como acabo de decir, es preciso llegar a la cima de lo anunciado. Así es, hay que indagar acerca de lo que quieren decir las palabras «virtud» (*aretḗ*) y «vicio» (*kakía*). La una apenas la vislumbro, mientras que la otra me resulta clarísima, ya que está en consonancia con todo lo anterior. Comoquiera que las cosas están en movimiento, todo lo que «anda mal» (*kakôs ión*), habrá de ser «vicio» (*kakía*). Y cuando este andar mal hacia las cosas se produce en el alma, es cuando principalmente recibe la denominación general de vicio. ¿Que qué es andar mal? A mí me parece claro que esto también se encuentra en la cobardía, término que aún no hemos tocado, sino que nos lo hemos pasado por alto, y que hubiera sido preciso estudiarlo tras la valentía. Pero me parece que nos hemos saltado también muchos otros. En fin; la «cobardía» (*deilía*) supone una férrea «atadura» (*desmós*) del alma, pues lo «excesivo» (*lían*) implica una cierta solidez. En consecuencia, la «cobardía» (*deilía*) habrá de ser una «atadura excesiva» (*desmós lían*) y máxima del alma. Del mismo modo, también el «apuro» (*aporía*) es un mal, como, al parecer, lo es todo aquello que se alza como un obstáculo para el acto de caminar y «avanzar» (*poreúesthai*). Por tanto, parece que caminar mal expresa el hecho de avanzar dificultosa y trastabilladamente, cosa que cuando se produce en el alma, ésta se colma de vicio. Pero si vicio es la palabra que se aplica a tal circunstancia, lo contrario a ello habrá de ser la virtud, cuyo sentido primero es el de «facilidad para proceder» *(euporía)*, y, después, el de que el flujo del alma buena se ve siempre libre, de modo que, al tratarse de algo que siempre fluye *(aeì rhéon)* sin obstáculos ni impedimentos, ha recibido, al parecer, esta denominación como nombre. Pero también sería correcto llamarla *aeireítēn* («corriente constante»), [o quizá *hairetḗ* («deseable»), en la idea de que esta adquisición es la más deseable][59], lo que, contraído, se pronunciaría *aretḗ* («virtud»).

Tal vez podrías replicar que me lo estoy inventando, pero te aseguro que si lo que antes te dije acerca de «vicio» es correcto, también lo que concierne al nombre de «virtud» lo es.

HER.–¿Pero cuál es el significado de «malo» *(kakón)*, palabra a través de la cual has explicado muchas de las anteriores?

SÓC.–Por Zeus, que me parece extraña y difícil de evaluar. Así que voy a aplicarle el famoso recurso.

HER.–¿A cuál te refieres?

SÓC.–Al de decir que también ésta es una palabra extranjera.

HER.–Y seguramente estás en lo cierto. Pero, si te parece, dejemos esto a un lado y tratemos de ver sobre qué base se sustenta lo «hermoso» *(kalón)* y lo «feo» *(aischrón)*.

---

59. Interpolación.

SÓC.–Ciertamente, me resulta obvio lo que el término «feo» quiere decir, puesto que concuerda con lo anteriormente expresado. Así es, en mi opinión, quien asignó los nombres censura por completo aquello que impide y detiene el flujo de los seres. De ahí que pusiera el nombre de *aeischoroûn* a lo que «constantemente detiene el fluir» *(aeì íschon tòn rhoûn)*. Pero ahora, tras contraerlo, lo denominan *aischrón*.

HER.–¿Y en cuanto a lo «hermoso» *(kalón)*?

SÓC.–Eso es más difícil de comprender, aunque habla por sí mismo. Tan sólo varía el acento y la longitud de la *o*.

HER.–¿Cómo?

SÓC.–Este término es una especie de sobrenombre del pensamiento.

HER.–¿A qué te refieres?

SÓC.–A ver; ¿qué crees tú que es el responsable de que cada realidad reciba un nombre? ¿No está claro, acaso, que aquello que los pone?

HER.–Por descontado.

SÓC.–¿Y no se trataría del pensamiento, ya sea el de los dioses, el de los hombres, o ambos a la vez?

HER.–Sí.

SÓC.–En consecuencia, ¿no es lo mismo lo que entonces «dio nombre» *(kalésan)* a las cosas y lo que aún las «nombra» *(kaloûn)*[60], es decir, el pensamiento?

HER.–Parece ser.

---

60. En efecto, *kalón* y *kaloûn* se diferencian en el acento (agudo frente a circunflejo) y en la cantidad o longitud de la *o*, una *ómicron* (*o* breve), frente al diptongo *ou* (que en realidad es la representación gráfica de la *o* larga cerrada), que a su vez se oponen a la *omega* (*o* larga abierta).

SÓC.–Luego, ¿cuanto ha sido obrado por la mente y el pensamiento es digno de alabanza, mientras que lo que no es digno de reproche?

HER.–Ciertamente.

SÓC.–Por lo tanto, ¿no produce la ciencia médica cosas relativas a la medicina y lo concerniente a la construcción construcciones? ¿O cómo lo explicarías tú?

HER.–De ese mismo modo.

SÓC.–Luego, ¿también «lo que nombra» *(kaloûn)* produce «cosas hermosas» *(kalá)*?

HER.–Necesariamente.

SÓC.–¿Se trata, como decíamos, del pensamiento?

HER.–Ciertamente.

SÓC.–Por consiguiente, lo hermoso es, con toda razón, el sobrenombre del entendimiento, al cual alabamos en tanto que lleva a cabo el tipo de cosas que proclamamos hermosas.

HER.–Evidentemente.

SÓC.–¿Qué nos queda todavía de este tipo de palabras?

HER.–Las relativas a lo bueno y a lo hermoso: lo conveniente, lo beneficioso, lo provechoso, lo ganancioso y sus contrarios.

SÓC.–Lo de «conveniente» *(symphéron)* puede que seas capaz de averiguarlo tú mismo a la luz de las anteriores explicaciones. No en vano, parece ser hermano del conocimiento, ya que no encierra otro significado que el de «movimiento simultáneo» *(háma phorá)* del alma con las cosas[61]; y aquello que se produce como resultado de di-

---

61. Cfr. 412a.

cho movimiento parece claro que recibe el nombre de «conveniente» *(symphéron)* y «circunstancia» *(symphorá)*[62] por el hecho de «moverse en torno simultáneamente» *(symperiphéresthai)*.

b   «Ganancioso» *(kerdáleon)* deriva de «ganancia» *(kérdos)*. Pero si a *kérdos* se le restituye la *n* en lugar de la *d*, queda claro lo que la palabra quiere decir: «bueno» pero expresado en otros términos. Comoquiera que «se mezcla» *(keránnymi)* con todas las cosas, yendo a través de ellas, el legislador le puso ese nombre para denominar dicha facultad; pero, introduciendo una *d* en lugar de la *n*, pasó a pronunciarlo *kérdos*.

HER.–¿Y qué hay de lo «beneficioso» *(lysiteloûn)*?

SÓC.–Probablemente, Hermógenes, no tenga el sentido que le dan los comerciantes cuando han recuperado la inversión. En mi opinión, no es así como hay que en-
c   tender el beneficio, sino que, al tratarse el bien de lo más rápido del ser, no permite que las cosas estén paradas, ni que el movimiento alcance una meta para detenerse y cesar. Al contrario, cada vez que un límite trata de interponerse en su recorrido, el bien siempre lo libera de él y convierte este movimiento en incesante y eterno. Es por este motivo por lo que, a mi juicio, se denominó beneficioso a lo bueno. En efecto, lo que «libera» *(lýon)* de su «límite» *(télos)* al movimiento se llama «beneficioso» *(lysiteloûn)*.

«Provechoso» *(ōphélimon)*, por su parte, es una voz dialectal. De hecho Homero emplea en varios pasajes la

---

62. Esto es, basta con sustituir *háma* («simultáneamente») por *sýn* («con»).

forma verbal *ophéllein*, que es sinónimo de «engrosar» y «hacer [pingüe]»[63].

HER.–¿Y cómo llevamos el asunto de sus contrarios?

SÓC.–Según mi parecer, por cuanto se limitan a negarlos, no es preciso que los repasemos.

HER.–¿Pero cuáles serían?

SÓC.–Lo inconveniente, lo inútil, lo perjudicial y lo infructuoso.

HER.–Es verdad.

SÓC.–Pero también lo dañino y lo ruinoso.

HER.–Efectivamente.

SÓC.–Lo «dañino» *(blaberón)* quiere decir «lo que daña el flujo» *(blápton tòn rhoûn)*, y, a su vez, *blápton* significa «lo que quiere sujetar» *(boulómenon háptein)*. Por lo demás, sujetar y atar es lo mismo, cosa que el legislador reprueba en cada ocasión. Sea como sea, «lo que quiere sujetar el flujo» habría de ser llamado, en todo rigor, *boulapteroûn*, si bien, con el objeto de embellecerlo, me parece a mí, se le llama *blaberón*.

HER.–Te salen unos nombres un tanto pintorescos, Sócrates. Ahora, sin ir más lejos, al pronunciar *boulapteroûn*, me ha parecido como si estuvieras silbando el preludio de flauta del himno a Atenea.

---

63. Platón recurre a la forma eolia empleada por Homero (con *o* breve en lugar de *o* larga) para sostener su argumento de que se trata de una palabra que procede de otro dialecto *(xénikos)*. Por otra parte y dado que el pasaje es, en términos textuales, problemático, conjugamos en nuestra traducción la doble conjetura de Heindorf, que añade a *poieîn* («hacer») el complemento *píona* («pingüe»), o bien transforma *poieîn* en *piaínein* («engordar»).

Sóc.–Pero yo no tengo la culpa, Hermógenes, sino los que asignaron los nombres.

Her.–Tienes razón, pero, ¿en qué consistiría lo «ruinoso» *(zēmiôdes)*?

Sóc.–¿Que en qué consistiría lo «ruinoso»? Observa, Hermógenes, cuánta razón tengo cuando digo que al incorporar y quitar letras se altera profundamente el sentido de las palabras, hasta el punto de que con hacer la más mínima modificación a veces provocan que signifiquen lo contrario; como con «obligatorio» *(déon)*. De hecho, reflexionando sobre este término, me he acordado de lo que estaba a punto de comentarte: que en nuestra lengua actual, hermosa como es, se le ha dado la vuelta hasta llegar a significar lo contrario a las palabras «obligatorio» y «ruinoso», ocultando su sentido, mientras que la antigua deja bien a las claras lo que las dos quieren decir.

Her.–¿A qué te refieres?

Sóc.–Te lo voy a explicar: sabes perfectamente que nuestros antepasados se servían profusamente de la *i* y la *d*, sobre todo las mujeres, que son fundamentalmente las que han conservado la antigua forma de hablar. En cambio, hoy día, se emplea la *e* o la *ē* en vez de la *i*, y la *z* en lugar de la *d*, en la idea de que son más elegantes.

Her.–¿Cómo es eso?

Sóc.–Por ejemplo: antiguamente, al día unos le llamaban *himéra* y otros *heméra*, pero, actualmente, *heméra*.

Her.–Así es.

Sóc.–¿Y sabes también que únicamente su forma antigua revela el propósito del que se lo puso? No en vano, la luz surgió de las tinieblas para contento de los hombres y merced a su «deseo» *(himeírousin),* y por este motivo al día le dieron el nombre de «deseado» *(himéra).*

HER.–Parece claro.

SÓC.–Ahora, en cambio, con lo solemne que se ha vuelto, no podrías entender lo que quiere decir *hēméra*. De hecho, hay quien piensa que como el día vuelve «apacibles» *(hḗmera)* las cosas, por esta razón se le llamó de esa manera.

HER.–También me lo parece.

SÓC.–Asimismo, antiguamente «yugo» *(zygós)* se decía *dyagós.*

HER.–Cierto.

SÓC.–Pues bien, *zygós* no aclara nada, pero *dyagós* es la denominación justa en tanto que implica la unión de «dos» *(dyoîn)* bestias para el «arrastre» *(agōgḗ)*. Sin embargo, ahora se le llama *zygós*, y así sucede con otras muchas cosas.

HER.–Parece ser.

SÓC.–Luego, según esto, lo «obligatorio» *(déon),* dicho a bote pronto, vendría a significar lo contrario que todos aquellos términos relativos al bien. De hecho, a pesar de ser un aspecto del bien, lo «obligatorio» parece ser «atadura» *(desmós)* y obstáculo del movimiento, como si fuera hermano de lo «dañino».

HER.–¡Vaya si lo parece, Sócrates, y mucho!

SÓC.–Sin embargo, no lo será si empleamos el término antiguo, que tiene muchos más visos de verosimilitud de haber sido más correctamente asignado que el actual. Antes bien, estará en consonancia con los anteriores términos referidos a lo bueno, con sólo reemplazar la *e* por la *i*, como antaño. En efecto, es «lo que pasa a través» (diüón), y no «lo que ata» (déon), lo que expresa lo bueno, que es precisamente lo que alaba quien atribuye los nombres, y, de este modo, no se contradice, sino que lo obligatorio, lo provechoso, lo beneficioso, lo ganancioso, lo bueno, lo conveniente y lo próspero demuestran ser la misma cosa, al expresar bajo diferentes denominaciones los principios de orden y movimiento que han sido ensalzados por doquier, mientras que los de detención y atadura han sido reprobados.

E igual con «ruinoso» (zēmiôdes); si se le restituye la *d* en lugar de la *z* conforme a la antigua forma de hablar, te quedará claro que el nombre *dēmiôdes* se forjó para nombrar aquello que «ata lo que avanza» (doûnti tò ión).

HER.–¿Y qué hay del «placer», la «tristeza», el «deseo» y los de ese tipo, Sócrates?

SÓC.–No me parecen especialmente difíciles, Hermógenes. El «placer» (hēdonḗ) aparentemente recibe ese nombre por tratarse de la acción que tiende hacia el «disfrute» (hē ónēsis) –la *d* es un añadido, de manera que se dice *hēdonḗ* en lugar de *hēonḗ*–. La «tristeza» (lýpē) parece recibir su denominación a partir de la «disolución» (diálysis) que el cuerpo sufre ante el «padecimiento» (páthos). La «congoja» (anía) es lo que impide «avanzar» (an-iénai). «Dolor» (algēdṓn), en mi opinión, es una voz dialectal que recibe su nombre a partir de «doloroso» (algeinós). Por su parte, el «sufrimiento» (odýnē) parece ser llamado de este modo a partir de la «penetración» (éndysis) de la tristeza. A todo el mundo le resulta obvio que la palabra «pesadumbre» (achthēdṓn) está configurada a partir del peso del movimiento. En cuanto a la «alegría» (chára), al parecer, se le llama así por la masiva «efusión» *(diáchysis)* del «flujo» *(rhóē)* del alma. «Goce» *(térpsis)* deriva de «gozoso» *(terpnón)*, que a su vez recibe su nombre de su «deslizamiento» *(hérpsis)* a través del alma a semejanza de un «soplo» *(pnoḗ)*; en justicia, debería llamarse *hérpnoun*, pero con el paso del tiempo ha derivado en *terpnón*. En cuanto a «contento» *(euphrosynē,* en absoluto es necesario referir su porqué, pues es cosa clara para todos que recibe su nombre del «movimiento armonioso» *(eû symphéresthai)* del alma junto a las cosas, y, aunque lo correcto hubiera sido *eupherosynē,* sin embargo lo llamamos *euphrosynē*. Tampoco el «deseo» *(epithymía)* es complicado. No en vano, resulta evidente que es el nombre que le ha sido asignado a la fuerza «que avanza hacia el ánimo» *(epì tòn thymòn ioûsa)*. A su vez, el «ánimo» *(thymós)* habría recibido tal nombre de la «animosidad» *(thýsis)* y el bullir del alma. En cambio, el «anhelo» *(hímeros)* recibió su denominación en virtud del flujo que fundamentalmente arrastra el alma. De hecho, como «fluye apresurándose viva y deseosamente» *(hiémenos rheî kaì ephiémenos)* al encuentro de las cosas y, en consecuencia, arrastrando al alma con el impulso de su flujo, se le denominó anhelo por toda esa fuerza. A su vez, la «añoranza» *(póthos)* se llama así queriendo expresar no el anhelo de lo presente, sino de «lo que se halla en otro lugar y está ausente» *(állothí pou óntos kaì apóntos)*, de ahí que la añoranza reciba el nombre de anhelo cuando su objeto de deseo está presente, pero que se le llame añoranza, propiamente dicha, cuando está ausente. En cuanto al «amor» *(érōs)*, dado que «fluye de fuera adentro» *(esreî éxothen)* y su flujo no es inherente a quien lo recibe, sino que le penetra a través de la vista, por este hecho, se le denominó *ésros* a partir de *esreîn* –usando la *o* breve en lugar de la *o* larga–; sin embargo, ahora lo llamamos *érōs* por el cambio de la *o* breve en *o* larga.

¿Qué dices que nos queda aún por investigar?

HER.–¿Qué te parece la «opinión» *(dóxa)* y los de su clase?

SÓC.–Ciertamente, el término «opinión», o bien deriva de la «persecución» *(díōxis)* a la que el alma se entrega con la intención de comprender el curso de las cosas, o bien deriva del «disparo del arco» *(tóxou bolêi)*, lo cual tiene más visos de verosimilitud. La «creencia» *(oíēsis)*, al menos, concuerda con esto, pues parece que refleja el «trayecto» *(oîsis)*[64] del alma sobre todas las realidades, con el objeto de alcanzar la esencia de cada ser. Del mismo modo, también la «intención» *(boulé̄)* viene a expresar de alguna manera el «disparo» *(bolé̄)*, mientras que el «querer» *(boúlesthai)* y el «planear» *(bouleúesthai)* implican, asimismo, aspirar a un objetivo.

Todos estos vocablos que acompañan a «opinión» parecen representaciones de «disparo» *(bolé̄)*, del mismo modo que su contrario, el «error» *(aboulía)*, parece equivaler a «desatino», como cuando alguien no acierta ni atina el objetivo sobre el que disparaba y perseguía, sobre el que planeaba y al que aspiraba.

HER.–Me parece, Sócrates, que estos ejemplos ya los estás exponiendo de manera bastante atropellada.

---

64. La palabra *oîsis*, acuñada *ad hoc* por Platón, evoca oportunamente el término *oistós* («flecha»).

Sóc.–De hecho es que ya corro hacia el final. No obstante, quiero aún examinar la «obligatoriedad» *(anánkē)*, ya que viene a continuación de éstos, así como «voluntario» *(hekoúsion)*. Así pues, lo voluntario es «lo que cede» *(eîkon)* y no es recalcitrante, sino que, como digo, «cede ante lo que avanza» *(eîkon tôi iónti)*, con lo que bajo esta denominación se manifestaría aquello que sucede por voluntad propia. Lo «obligatorio» *(anankaîon)* y recalcitrante, sin embargo, siendo contrario a la voluntad, estaría en relación con el error y la ignorancia y se asemejaría al paso a través de «desfiladeros» *(ánkē)*, en tanto que dificultan el movimiento debido a lo angostos, escabrosos y tupidos que son. Es probable que de ahí surgiera el término *anankaîon*, de la comparación con el paso de un «desfiladero» *(ánkos)*.

¡Pero mientras nos asistan las fuerzas, no lo desaprovechemos! ¡Así que no te rindas y pregunta!

Her.–Pues te pregunto por las mayores y más hermosas palabras, esto es, la «verdad» *(alḗtheia)*, la «falsedad» *(pseûdos)*, el «ser» *(tò ón)* y el propio término sobre el que versa nuestra conversación, el «nombre» *(ónoma)*: ¿por qué recibe tal denominación?

Sóc.–¿Hay algo a lo que llames «indagar» *(maíesthai)*?

Her.–Sí lo hay; a la acción de «investigar» *(zēteîn)*.

Sóc.–Pues bien, el término «nombre» *(ónoma)* parece una palabra contraída a partir de una locución que reza: «Éste es el «ser» *(ón)* de que trata la «investigación» *(zḗtēma)*». Pero lo reconocerás mejor a través del adjetivo «nombrable» *(onomastón)*. En efecto, ahí se expresa claramente que se trata del «ser sobre el que versa la indagación» *(òn hoû másma estín)*.

b   La «verdad» *(alḗtheia)* parece formarse también bajo las mismas pautas que los otros. Así es, resulta plausible que el movimiento divino del ser sea expresado por medio del término *alḗtheia,* en la idea de que se trata de una «carrera divina» *(álē theía).* Por contra, la «falsedad» *(pseûdos)* es lo opuesto al movimiento. En efecto, una vez más, se hace acreedor de reproche aquello que se ve retenido y obligado a permanecer en reposo, en tanto que se asemeja a los que duermen *(heúdousi):* la *ps* fue añadida para ocultar la intención del nombre.

Por su parte, «ser» *(ón)* y «esencia» *(ousía)* concuerdan con «verdad» si recuperan la *i.* En efecto, significa «ir» *(ion),* mientras que el «no-ser» *(ouk ón),* como algunos dan en llamarlo, significa «no-ir» *(ouk ión).*

HER.–Me da la sensación, Sócrates, de que has despellejado estas palabras demasiado audazmente. Pero, ¿si alguien te preguntara respecto a «ir», «fluir» y «atar», cuál es la rectitud a la que atienden estos nombres...?

SÓC.–¿Que qué les contestaríamos, dices? ¿Es eso?

HER.–Efectivamente.

SÓC.–El caso es que hace un rato encontramos un recurso para aparentar que aportábamos algo interesante en nuestras respuestas.

HER.–¿Cuál?

SÓC.–Sostener, para aquello que no conocemos, que se trata de un término extranjero; podría, incluso, suceder que alguno de ellos lo fuera en realidad. También podría ser que los nombres más antiguos fueran inextricables debido a su propia antigüedad. De hecho, de tanto darle la vuelta a los nombres a diestro y siniestro, no sería en absoluto de extrañar que nuestra lengua antigua, frente a la actual, no se diferenciara en nada de la bárbara.

HER.–Pues no estás diciendo nada descabellado.

SÓC.–De hecho lo que digo es plausible, y desde luego no me parece ésta una cuestión que se preste a las excusas; antes bien, hay que mostrarse animosos a la hora de examinar estos particulares. Reflexionemos, pues: si una persona estuviera preguntando sin cesar de qué palabras se compone un determinado nombre y, a su vez, nos volviera a interrogar sobre los términos que componen las susodichas palabras, y así sucesivamente, ¿no terminará su interlocutor por dejar de contestar, necesariamente?

HER.–Eso me parece.

SÓC.–Entonces, ¿cuál sería el momento justo en que su interlocutor debería dejar de hablar? ¿No será, acaso, cuando lleguen a aquellos nombres que vienen a ser, más o menos, el elemento fundamental del resto de nombres y enunciados? De ser así, ya no será justo que parezcan estar compuestos a partir de otros nombres. Hace un momento, por ejemplo, decíamos que «bueno» *(agathón)* está formado a partir de «admirable» *(agastón)* y «rápido» *(thoón),* e igualmente podríamos aseverar que «rápido» se compone de otros elementos que, a su vez, constan de otros. Ahora bien, si en alguna ocasión damos con uno que ya no se descompone en otros nombres, estaríamos en nuestro derecho de afirmar que finalmente hemos hallado el elemento fundamental y que ya no es preciso reenviarlo a otros nombres.

HER.–Opino que estás en lo cierto.

SÓC.–Por consiguiente, ¿puede darse la circunstancia de que los nombres por los que ahora me estás preguntando sean elementos primigenios, por lo que sería preciso que examináramos en qué estriba su rectitud por otros medios?

HER.–Es posible.

SÓC.–Y tanto que es posible, Hermógenes. Al menos
c todas las palabras anteriormente tratadas parecen reducirse a dichos elementos. Pero si eso es así, como me parece que lo es, ven una vez más a examinar conmigo esta cuestión, no sea que meta la pata a la hora de explicar cuál debe ser la rectitud de los nombres primigenios.

HER.–Basta con decírmelo para que te ayude en este examen en la medida de mis posibilidades.

SÓC.–Pues bien; sobre el hecho de que hay una única rectitud para todos los nombres, desde el primero hasta el último, y que en nada se diferencia un nombre de los otros, pienso que es algo en lo que también tú coincides.

HER.–Ciertamente.

d SÓC.–Ahora bien, la rectitud de los nombres que acabamos de repasar pretendía ser de tal forma que pudiera poner de manifiesto la naturaleza de cada uno de los seres.

HER.–Cómo no.

SÓC.–Por consiguiente, esta propiedad la habrán de tener los nombres primigenios no en menor medida que sus derivados, si es que efectivamente son nombres.

HER.–Cierto.

SÓC.–Sin embargo, los derivados, presumiblemente, eran capaces de llevarlo a cabo gracias a los primigenios.

HER.–Parece ser.

SÓC.–De acuerdo; pero las palabras primigenias, aquellas en cuya base no se encuentra ninguna otra, si es que son nombres, ¿de qué manera nos mostrarán la naturaleza de los seres en la mayor medida posible? Contéstame a esto: si no tuviéramos ni voz ni lengua y quisiéramos comunicarnos las cosas, ¿acaso no trataríamos de hacernos señas con las manos, con la cabeza y con el resto del cuerpo, como hacen los mudos?

HER.–¿De qué otro modo podríamos hacerlo, Sócrates?

SÓC.–Pienso que, si quisiéramos expresar lo que está en lo alto y es ligero, alzaríamos la mano hacia el cielo imitando la propia naturaleza de la cosa, y si quisiéramos indicar lo que está en el suelo y es pesado, hacia la tierra. Y si quisiéramos expresar un caballo al galope o algún otro ser vivo, sabes bien que adoptaríamos una postura y unos gestos lo más parecido a ellos.

HER.–En mi opinión, eso que dices es necesariamente así.

SÓC.–De esta manera, creo yo, la expresión de cualquier cosa se produciría, presumiblemente, a través de la imitación por medio del cuerpo de la figura de aquello que se quiere expresar.

HER.–Efectivamente.

SÓC.–Entonces, dado que queremos expresarnos por medio de la voz, la lengua y la boca, ¿no lograremos expresar cada una de las cosas, toda vez que se produzca la imitación de ellas a través de estos órganos?

HER.–Forzosamente, en mi opinión.

SÓC.–En consecuencia, el nombre es, según parece, imitación por medio de la voz de aquello que se imita; y aquel que realiza la imitación da nombre con su voz a aquello que imita.

HER.–Eso me parece.

c SÓC.–Por Zeus, compañero; todavía no me parece que esté bien dicho.

HER.–¿Y por qué?

SÓC.–Porque estaríamos obligados a admitir que los que imitan a las ovejas, los gallos y demás animales están dando nombre a aquello que imitan.

HER.–Pues tienes razón.

SÓC.–¿Te parece, pues, que eso es correcto?

HER.–Desde luego que no. Pero, entonces, Sócrates, ¿qué clase de imitación sería el nombre?

SÓC.–En primer lugar, según mi opinión, no se trataría de la imitación que hacemos cuando imitamos las cosas por medio de la música, aunque, en este caso, también *d* empleemos la voz. En segundo lugar, no me parece que estemos nombrando cuando imitamos aquello que la música imita. Me refiero a lo siguiente: ¿poseen las cosas, cada una de ellas, voz y forma, y, muchas de ellas, también color?

HER.–Ciertamente.

SÓC.–Luego, cuando alguien imita dichos factores, no parece que el arte que se ocupa de estas imitaciones sea el de nombrar. De hecho, estas artes serían la música y la pintura, ¿no es así?

HER.–Sí.

e SÓC.–¿Y qué opinas de lo siguiente? ¿No te parece que cada cosa posee una esencia, como también color y los otros factores que acabamos de mencionar? Empezando por el propio color y la voz, ¿no tienen cada uno de ellos una esencia, así como todas las demás cosas que, con todo merecimiento, reciben la denominación de «ser»?

HER.–En mi opinión, sí.

SÓC.–¿Entonces, qué? Si alguien pudiera imitar mediante letras y sílabas esto mismo de cada cosa, es decir, su esencia, ¿no estaría expresando lo que es cada cosa? ¿O no es así?

HER.–Desde luego que sí.

SÓC.–Entonces, ¿cómo llamarías al que es capaz de hacer esto, del mismo modo que de los anteriores a uno le llamabas músico y a otro pintor? ¿Cómo llamarías a éste?

HER.–Me parece, Sócrates, que esto es precisamente lo que llevamos buscando desde hace un buen rato: se trataría del nombrador.

SÓC.–De ser esto cierto, parece que en adelante se habrá de investigar, a propósito de los nombres por los que preguntabas (el «flujo», el «movimiento», el «obstáculo»), si se ha logrado captar mediante sílabas y letras su ser, hasta el punto de imitar su esencia, o si, por el contrario, no.

HER.–Ciertamente.

SÓC.–Entonces, venga; veamos si son éstos los únicos nombres primigenios o si hay muchos otros.

HER.–Yo creo que hay más todavía.

SÓC.–Seguramente. ¿Pero cuál sería el método de clasificación por el que el imitador comienza a imitar? Dado que la imitación de la esencia se hace por medio de sílabas y letras, ¿no sería lo más adecuado distinguir primero las letras, del mismo modo que los que se afanan en cuestiones de métrica identifican en primer lugar las propiedades de las letras, luego las de las sílabas, para finalmente –nunca antes– llegar al estudio de la métrica?

Her.–En efecto.

Sóc.–En consecuencia, ¿no deberíamos también nosotros identificar en primer lugar las vocales y, luego, entre los demás tipos de letra, las consonantes y mudas –como las llaman los expertos en la materia–, y, luego, a su vez, aquellas que, sin ser vocales, sin embargo no son mudas?[65] ¿Así como los tipos de vocales que son diferentes entre sí? Y una vez realizadas adecuadamente estas distinciones, será preciso, a su vez, proceder a la correcta clasificación de todos los seres a los que se ha de dar nombre, por ver si existe algo a lo que todos se remontan (como en el caso de las letras) y a partir de lo cual sea posible conocerlos, y ver, asimismo, si también entre ellos se da la división en grupos como ocurre con las letras. Una vez examinadas adecuadamente todas estas cuestiones, será preciso saber aplicar cada letra atendiendo a la semejanza, ya sea teniendo que aplicar una determinada letra a una determinada cosa, ya sea aplicando la combinación de varias a una sola cosa. Como los pintores, que, cuando quieren reproducir una imagen, unas veces emplean solamente el púrpura, y, otras, cualquier otra mixtura, llegando incluso a mezclar muchos colores, como cuando elaboran el retrato de una persona o alguna otra cosa por el estilo, en la idea, creo, de que cada imagen parece requerir su mixtura particular. De esta manera, también nosotros aplicaremos las letras a las cosas: bien una letra para una cosa, allí donde parezca necesario, o bien varias letras, formando así las llamadas sílabas. A su vez, las sílabas, combinadas entre sí, conformarán los sus-

---

65. Esto es, las sonantes.

tantivos y los verbos. Y, una vez más, a partir de los sustantivos y los verbos conformaremos finalmente algo grande, hermoso y completo. De este modo, lo que en el caso anterior suponía la representación de un ser vivo para la pintura, lo supondrá aquí el enunciado para el arte de nombrar, la retórica o comoquiera que se llame tal arte. Pero no nosotros –me he dejado llevar por las palabras–, sino más bien nuestros antepasados fueron los que conformaron los nombres en el modo en que están compuestos. Lo que nos toca a nosotros, en caso de que sepamos considerar científicamente todas estas cuestiones, es, una vez que establezcamos las distinciones, observar si tanto los nombres primigenios como los derivados han sido puestos atendiendo a este criterio o no. Me temo, querido Hermógenes, que cualquier otro procedimiento resultará estéril y erróneo.

425a

b

HER.–¡Por Zeus, Sócrates, que probablemente sea así!

SÓC.–¿Y entonces? ¿Tú te ves capaz de establecer tales distinciones con este procedimiento? Porque yo no me veo.

HER.–Entonces yo mucho menos.

SÓC.–Dejémoslo, pues. ¿O quieres que lo intentemos, en la medida de nuestras posibilidades y aunque sólo seamos capaces de atisbar una pizca de esta cuestión? Así, al igual que hace un momento avisábamos a los dioses de que, al no saber la verdad, conjeturamos las creencias de los hombres sobre ellos, también ahora sigamos adelante diciéndonos a nosotros mismos que si es preciso que nosotros o cualquier otra persona establezca las distinciones, tendrá que establecerlas así. Por el momento, y como reza el dicho, tendremos que proceder al respecto

c

según la medida de nuestras fuerzas. ¿Te parece bien así? ¿Tú qué opinas?

HER.–Me parece perfectamente bien.

d SÓC.–Parecerá ridículo, creo yo, Hermógenes, que las cosas resulten reveladas mediante su imitación por medio de sílabas y letras, y, sin embargo, es así por fuerza. En efecto, no contamos con una teoría mejor que ésta a la que podamos recurrir en lo tocante a la verdad de los nombres primigenios, a no ser que, como hacen los trágicos, que, cuando se encuentran en un apuro lo solventan haciendo surgir a los dioses sobre una tramoya, pretendas que también nosotros nos libremos del problema recurriendo al expediente de que fueron los dioses quienes acuñaron los nombres primigenios y que por esta razón son correctos. ¿Acaso también será éste nuestro ar-
e gumento más contundente? ¿O tal vez el de que los recibimos de los bárbaros y que éstos son más antiguos que nosotros? ¿O que, dada su antigüedad, resulta imposible analizarlos, como ocurre con las palabras extranjeras? Se trataría de expedientes, bastante hábiles todos
426*a* ellos, propios de quien no quiere dar razón de si los nombres primigenios han sido atribuidos correctamente. Ahora bien, si alguien, por cualquier motivo, desconoce la rectitud de los nombres primigenios, es imposible que conozca la de sus derivados, ya que éstos se explican necesariamente a partir de aquellos de los que nada sabe. Luego está claro que quien afirme ser experto en los segundos, con más razón todavía deberá ser capaz de expli-
b car clarísimamente los primeros o, en su defecto, reconocer que lo que dice sobre los derivados son paparruchas. ¿O es que opinas tú de otro modo?

HER.–En absoluto pienso de otro modo, Sócrates.

SÓC.–Lo cierto es que las impresiones que me han llegado sobre los nombres primigenios me parecen bastante arrogantes y ridículas. Pero, si quieres, te haré partícipe de ellas. Ahora bien, si tienes una idea mejor que proponer, procura también compartirla conmigo.

HER.–Eso haré, pero tú habla sin miedo.

SÓC.–En primer lugar, me parece que la *r* viene a ser el instrumento de todo «movimiento» *(kínesis)*, vocablo sobre cuya formación no hemos hecho ningún comentario. Está claro, no obstante, que quiere expresar «tendencia» *(hésis)*, ya que antiguamente no empleábamos la *e* larga, sino la *e* breve. Por su parte, el principio viene de *kíein*, voz dialectal que significa «ir». Por lo tanto, si alguien quisiera encontrar el nombre antiguo que corresponde a nuestra lengua actual, en rigor debería llamarla *hésis*. Sin embargo, hoy día se le llama *kínesis* por influencia del dialectal *kíein*, el cambio en *e* larga y la introducción de una *n*, si bien lo correcto hubiera sido llamarla *kieíesin* o *kíesin*. La «quietud» *(stásis)*, en cambio, expresa la negación del movimiento, pero recibe el nombre de *stásis* con el objeto de embellecerlo. Pero, como iba diciendo, quien acuñó los nombres encontró en la letra *r* un precioso instrumento de movimiento a la hora de representar el «traslado» *(phorá)*, de ahí que en numerosas ocasiones la emplee a tales efectos. En primer lugar, en el propio verbo «fluir» *(rheîn)* y «corriente» *(rhoé)*, que imitan el movimiento a través de dicha letra, así como en «temblor» *(trómos)*, «correr» *(tréchein)*, o incluso en verbos como «percutir» *(kroúein)*, «romper» *(thraúein)*, «desgarrar» *(ereíkein)*, «quebrantar» *(thrýptein)*, «triturar» *(kermatízein)* o «girar» *(rhymbeîn),* palabras, todas ellas, cuya acción representa principalmente a través de la *r*. De hecho, él percibía, creo yo, que con esta letra la lengua no permanece quieta ni un solo instante, sino que vibra al máximo. Éste es el motivo, me parece a mí, por el que se ha servido de ella para estas palabras.

427a Por otro lado, se ha valido de la *i* para todo lo que es sutil, en tanto que podría atravesar todo mejor que ninguna otra cosa. De ahí que imite el «ir» *(iénai)* y el «dirigirse apresuradamente» *(híesthai)* por medio de la *i*, del mismo modo que, a través de la *ph*, la *ps*, la *s* y la *z*, al ser letras aspiradas, ha imitado todas las cosas que poseen tal característica dándoles un nombre que las contenga: el «frío» *(psychrón)*, lo «hirviente» *(zéon)*, la acción de «sacudir» *(seíesthai)* y, en general, aquello que produce un «sonido silbante» *(sismós)*[66]. Asimismo, cuando imita algo lleno de aire, el que asigna los nombres parece apli-
b car estas letras por doquier en la mayoría de los casos. Por contra, parece haber considerado que la capacidad de compresión y presión de la lengua en la pronunciación de la *d* y la *t* las habilitaba para imitar la noción de «atadura» *(desmós)* y «quietud» *(stásis)*. Y, observando que la lengua se desliza completamente con la pronunciación de la *l*, trató de imitarla dando nombre a lo «liso» *(leîon)*, a la propia acción de «deslizarse» *(olisthánein)*, a lo «lustroso» *(liparón)*, a lo «glutinoso» *(kollôdes)* y a todas las demás palabras por el estilo. Pero, comoquiera

---

[66]. Frente a *seismós* («sacudida», «agitación»), la lectura que ofrece Duke es la de *sismós,* que vendría a ser un sonido semejante al del metal candente cuando se le mete en agua.

que el deslizamiento de la *l* es amortiguado por la propiedad de la *g*, pasó a reproducir lo «gelatinoso» *(glischrón)*, lo «empalagoso» *(glyký)* y lo «pegajoso» *(gloiôdes)*. A su vez, percibiendo que la *n* es un sonido interno, forjó la palabra «dentro» *(éndon)* e «interior» *(entós)*, para asimilar los hechos a las letras. Y todavía atribuyó la *a* a lo «grande» *(mégas)* y la *ē* a lo «largo» *(mêkos)* porque son letras de pronunciación prolongada. Luego, ante la necesidad de un signo *o* para la designación de lo «redondo» *(góngylon)*, lo empleó profusamente en la combinación de esta palabra. Ésta es la manera en la que el legislador parece haber procedido también con lo demás, forjando, mediante las letras y las sílabas, un signo y un nombre para cada una de las realidades, y, a partir de estos nombres y por medio de estas mismas sílabas y letras, compuso los restantes por imitación. Ésta, Hermógenes, me parece a mí, viene a ser la rectitud de los nombres, a no ser que Crátilo, aquí presente, sostenga otro parecer.

HER.–Lo cierto, Sócrates, es que, como decía al principio, son muchas las ocasiones en que Crátilo me plantea numerosos dilemas al afirmar que existe una rectitud en los nombres sin decirme claramente cuál es. Tanto es así, que me resulta imposible discernir si, cada vez que habla de estas cosas, lo hace de forma tan ambigua voluntaria o involuntariamente. Por consiguiente, Crátilo, dime ahora, en presencia de Sócrates, si te satisface lo que Sócrates mantiene acerca de los nombres, o si, de alguna manera, tienes una teoría mejor que exponer. Y si la tienes, dila, para que o bien aprendas de Sócrates, o bien nos instruyas a los dos.

CRÁ.–¿Cómo, Hermógenes? ¿Te parece cosa fácil aprender o enseñar de buenas a primeras cualquier cuestión, y menos una como ésta, que parece ser de las de mayor enjundia?

428a HER.–¡Por Zeus que no! Pero me parece acertado el dicho de Hesíodo de que si se va depositando un poco sobre otro poco, se acaba sacando provecho[67]. De manera que, si eres capaz de aportar alguna idea más, por pequeña que sea, no te eches atrás y préstanos este servicio –justo es que lo hagas– a Sócrates y a mí.

SÓC.–Por lo que a mí respecta, Crátilo, yo no persistiría tenazmente en lo que he dicho, pues lo he ido evaluando con la ayuda de Hermógenes en la manera que me parecía más oportuno. De modo que, por este motivo, si albergas una idea mejor, habla sin miedo, que estoy
b dispuesto a aceptarla. De hecho, si tienes algo mejor que decir, no me sorprendería, puesto que, según tengo entendido, no sólo has investigado personalmente sobre este particular, sino que además lo has aprendido de otros. Por consiguiente, en caso de que tengas una teoría mejor que exponer, apúntame a mí también como uno de tus discípulos en lo que hace a la rectitud de los nombres.

CRÁ.–Es cierto, Sócrates, como tú dices, que me he ocupado de estas cuestiones, y tal vez pudiera aceptarte
c como alumno mío. Sin embargo, temo que suceda todo lo contrario, porque, de alguna manera, se me ha ocurrido traer a colación las palabras que Aquiles le dirige a Áyax en el episodio de las *Súplicas*. Dice así:

67. Cfr. *Trabajos y días,* 361-362. La cita no es literal.

Áyax Telamonio, linaje de Zeus y caudillo de gentes,
todo me has parecido hablarlo conforme a mi ánimo[68].

Y, así, me ha parecido que también tú profetizabas oportunamente de acuerdo con mi pensamiento, ya sea esto debido a que estés inspirado por Eutifrón, ya sea porque alguna otra Musa te haya poseído, sin tú saberlo, tiempo atrás.

Sóc.–¡Ah, buen Crátilo! Hace tiempo que yo mismo me sorprendo de mi sapiencia y desconfío de ella. En consecuencia, me parece necesario volver a revisar lo que vengo diciendo, pues resultar engañado por uno mismo es lo más aborrecible de todo. En efecto, ¿cómo no va a ser terrible tener constantemente a tu lado a aquel que te va a engañar sin poder alejarte ni un paso de él? Al parecer, es necesario tornar con frecuencia sobre las cosas dichas con anterioridad y, como dice el ínclito poeta, tratar de mirar *hacia adelante y hacia atrás al mismo tiempo*[69]. Luego miremos de inmediato lo que llevamos dicho: la rectitud del nombre –afirmamos– es aquella que pone de manifiesto la naturaleza de la cosa. ¿Podremos decir que basta con esta explicación?

Crá.–A mí me parece bastante contundente, Sócrates.

---

68. Cfr. *Ilíada* IX, 644-645. En este canto se nos narra la embajada enviada en presencia de Aquiles para tratar de convencerle de que vuelva a la lucha. Los encargados de «suplicarle» su regreso son Ulises, Fénix y Áyax, cada uno de los cuales le dirige un discurso. Esta división en episodios –*La cólera, Las súplicas*...– es anterior a la canónica división de la *Ilíada* en veinticuatro cantos.
69. Cfr. *Ilíada* I, 343; III, 109.

Sóc.–¿Y los nombres se emplean con miras a la enseñanza?

Crá.–Ciertamente.

Sóc.–¿Habremos, pues, de afirmar que se trata de un arte y que existen artífices dedicados a ella?

Crá.–Efectivamente.

Sóc.–¿Quiénes?

429a Crá.–Los que mencionabas al principio, los legisladores.

Sóc.–¿Luego habremos también de afirmar que este arte se da en los hombres del mismo modo que los restantes? Me refiero a lo siguiente: ¿no hay entre los pintores unos que son peores y otros que son mejores?

Crá.–Ciertamente.

Sóc.–¿Acaso los mejores no realizan obras, esto es, pinturas, más hermosas, mientras que los otros de peor calidad, del mismo modo que, entre los albañiles, unos construyen casas más bonitas y otros más feas?

Crá.–: Sí.

b Sóc.–En consecuencia, ¿también entre los legisladores, unos producen obras más bellas y otros más feas?

Crá.–Ahí ya no estoy tan de acuerdo.

Sóc.–¿No te parece que hay leyes que son mejores y otras que son peores?

Crá.–Ciertamente no.

Sóc.–Como es verosímil, tampoco entre los nombres te parecerá que uno sea más apropiado que otro.

Crá.–En absoluto.

Sóc.–¿Luego todos los nombres están puestos correctamente?

Crá.–Al menos, todos cuantos lo son realmente.

Só.–¿Entonces? Respecto a lo que se le decía hace un momento a Hermógenes, aquí presente, ¿habremos de afirmar que no posee tal nombre, por cuanto nada tiene que ver con la estirpe de Hermes, o que sí lo posee, aunque, sin duda, incorrectamente?

CRÁ.–En mi opinión, Sócrates, no lo posee, sino que sólo lo parece. En realidad, se trata del nombre de algún otro que sí que posee una naturaleza reveladora del nombre[70].

Só.–¿Acaso no se está incurriendo en una mentira cuando alguien afirma que éste es Hermógenes? Porque, de hecho, ni siquiera sería posible decir que se trata de Hermógenes, si no lo es.

CRÁ.–¿A qué te refieres?

Só.–A que es de todo punto imposible decir cosas falsas. ¿No es ése, acaso, el sentido de tu argumentación? En efecto, mi querido Crátilo, son muchos los que han venido sosteniendo, tanto ahora como antiguamente, esa opinión.

CRÁ.–¿Pues cómo podría alguien, Sócrates, diciendo lo que dice, decir lo que no es? ¿O es que el decir cosas falsas no consiste en decir lo que no es?

Só.–Demasiado alambicado este razonamiento tuyo para mí y a mi edad, amigo. Sin embargo, respóndeme a esto: en tu opinión, ¿se puede no decir cosas falsas, pero sí afirmarlas?

CRÁ.–En mi opinión, tampoco afirmarlas.

---

70. Duke mantiene, y así nosotros, la secuencia «reveladora del nombre» que otros editores secluyen y que, efectivamente, entra en contradicción con la idea que se viene manteniendo de que son los nombres los reveladores de la naturaleza de las cosas.

Sóc.–¿Ni proferirlas ni interpelar a alguien por medio de ellas? Por ejemplo, si alguien se presenta ante ti en el extranjero y, tomándote de la mano, te dice: «Salud, forastero ateniense, hijo de Esmicrión, Hermógenes», ¿se lo estaría diciendo, afirmando, profiriendo, o te estaría interpelando de esta manera no a ti, sino a Hermógenes, o a ninguno?

Crá.–Lo que me parece, Sócrates, es que esta persona no estaría haciendo otra cosa que emitir sonidos.

430a Sóc.–No obstante, habrá que conformarse con esto: el que emite estos sonidos, ¿estará emitiendo cosas verdaderas o falsas? ¿O parte de ello verdad y parte mentira? Porque incluso eso también podría bastar.

Crá.–Yo diría que este hombre sólo hace ruido, agitándose en vano a sí mismo, como el que va de un lado a otro golpeando un cacharro de bronce.

Sóc.–Vamos a ver si de algún modo nos ponemos de acuerdo, Crátilo. ¿No dirías tú que una cosa es el nombre y otra aquello de lo que es nombre?

Crá.–En efecto.

b Sóc.–¿Y acaso no coincides también en que el nombre es una imitación de la cosa?

Crá.–Más que nada.

Sóc.–¿Y no sostienes que las pinturas también son, en otro sentido, imitaciones de ciertos objetos?

Crá.–Sí.

Sóc.–Veamos –pues tal vez no esté comprendiendo lo que me tratas de decir, aunque puede que estés en lo cierto–, ¿es posible asignar y atribuir estos dos tipos de imitación, las pinturas y los susodichos nombres, a los objetos de los que son imitación, o no es posible?

c Crá.–Lo es.

Sóc.–Entonces atiende a esto en primer lugar: ¿se podría asignar la imagen de un hombre a un hombre, la de una mujer a una mujer y así sucesivamente?

Crá.–Desde luego que sí.

Sóc.–¿Y al contrario? ¿La de un hombre a una mujer y la de una mujer a un hombre?

Crá.–También eso es posible.

Sóc.–¿Serían, pues, ambas asignaciones correctas, o sólo una de las dos?

Crá.–Sólo una.

Sóc.–Me imagino que la que atribuye a cada cosa lo que le conviene y es semejante.

Crá.–Eso me parece.

Sóc.–Pues, para que no riñamos de palabra, amigos como tú y yo somos, acéptame lo que te digo: a este tipo de asignación, en el caso de las dos imitaciones –la de las pinturas y la de los nombres–, yo la llamo correcta, pero en el caso de los nombres, además de correcta, verdadera. Mientras que a la otra, a la atribución y la aplicación de lo disímil, la llamo incorrecta, además de falsa cuando se trata de los nombres.

Crá.–Pero atento, Sócrates, no vaya a ser que la asignación incorrecta sea un hecho que se dé en el caso de las pinturas, pero no en el de los nombres, donde, por fuerza, habrá de ser siempre correcta.

Sóc.–¿Cómo dices? ¿En qué se diferencia lo uno de lo otro? ¿Acaso no puede uno acercarse a un individuo cualquiera y decirle «He aquí un dibujo tuyo» y mostrarle, llegado el caso, su retrato, o, si se da la circunstancia, el de una mujer? Y con mostrar quiero decir someterlo al sentido de la vista.

CRÁ.–Ciertamente.

SÓC.–¿Y qué pasa si de nuevo se le acerca y le dice «He aquí tu nombre»? Pues también el nombre viene a ser una imitación, como la pintura. Me explico: ¿no sería posible decirle «He aquí tu nombre» y, acto seguido, someter al sentido del oído, llegado el caso, su imitación, llamándole «hombre», o la imitación de un miembro femenino de la raza humana, si se da la circunstancia, llamándole «mujer»? ¿No te parece que esto sea posible y que podría ocurrir en alguna ocasión?

CRÁ.–Quiero concedértelo. Sea, pues, Sócrates, como dices.

SÓC.–Y haces bien, amigo, si es así como son las cosas, porque no hay necesidad alguna de reñir ahora por ello. Por lo tanto, si también aquí nos encontramos ante sendos casos de asignación, aceptemos llamar a uno «decir verdad» y a otro «decir mentira». Pero, si eso es así, y es posible asignar incorrectamente los nombres y atribuir a cada cosa no los nombres que les corresponden, sino, en ocasiones, los que no les corresponden, también será posible proceder del mismo modo con los verbos. Y si es posible poner de esta manera los nombres y los verbos, forzosamente pasará lo mismo con los enunciados, pues los enunciados vienen a ser, según creo, la combinación de éstos. ¿O cómo lo explicas tú, Crátilo?

CRÁ.–Así, ya que me parece que estás en lo cierto.

SÓC.–En consecuencia, si comparamos, a su vez, los nombres primigenios con dibujos, es posible, como en las pinturas, o bien reproducir todos los colores y contornos correspondientes, o bien no reproducirlos todos, sino olvidarse de algunos y añadir otros, mayores en número y tamaño, ¿o no es posible?

CRÁ.–Lo es.

SÓC.–Ahora bien, el que reproduzca todos los matices dará lugar a hermosos dibujos y representaciones, mientras que el que añada o quite algo, ¿no estará también él realizando dibujos y representaciones, pero defectuosos?

CRÁ.–Sí.   *d*

SÓC.–¿Qué ocurre, pues, con el que imita la esencia de las cosas por medio de sílabas y de letras? ¿Acaso, según ese mismo criterio, si reproduce todos los detalles pertinentes, se obtendrá una imagen –esto es, un nombre– hermosa, mientras que si se olvida del más mínimo detalle o añade algún otro, también se obtendrá una imagen, pero no bella, y de ahí que los nombres resultantes unos serán buenos y otros malos?

CRÁ.–Tal vez.

SÓC.–¿Luego tal vez también uno será un buen artífice   *e*
de nombres y otro malo?

CRÁ.–Efectivamente.

SÓC.–¿Y no recibe esta persona el nombre de legislador?

CRÁ.–Sí.

SÓC.–Entonces, por Zeus, tal vez, como en las demás artes, habrá un legislador bueno y otro malo, si es que estábamos de acuerdo en nuestras anteriores apreciaciones.

CRÁ.–Así es. Pero observa, Sócrates, que cuando atribuimos las letras –la *a*, la *b* y cada una de ellas– a los   432*a*
nombres de acuerdo con las reglas de la gramática, si suprimimos, añadimos o alteramos algo, no es que haya-

mos escrito la palabra, desde luego incorrectamente, sino que en absoluto la hemos escrito: con sólo que sufra una de estas variaciones se convierte automáticamente en otra palabra.

Sóc.–Pero cuidado, Crátilo, no sea que estemos planteando erróneamente el análisis al plantearlo de esa manera.

Crá.–¿A qué te refieres?

Sóc.–Pues a que quizá eso que dices pueda suceder en todas aquellas cosas cuyo ser o no ser depende forzosamente de un determinado número, como el diez, mismamente, o cualquier otro número que se te antoje, que si le quitas o le añades algo se convierte en otro instantáneamente. Sin embargo, me temo que no sea ésta la rectitud que cuadra a la cualidad o a las imágenes en general, sino que puede que, por el contrario, no deba reproducir por completo cada detalle, tal y como es, de aquello que imita, si es que ha de tratarse de una imagen. Pero fíjate en si tiene sustancia lo que digo: ¿acaso serían dos cosas, por ejemplo, Crátilo y la imagen de Crátilo, si un dios recreara no sólo tu tez y tu figura, como los pintores, sino que además fabricara todas tus entrañas, tal y como son, y reprodujera tu morbidez y tu propio calor corporal, y les insuflara el movimiento, el alma y la inteligencia que posees, y, en una palabra, pusiera a tu lado una réplica exacta de cuanto tienes? ¿Se trataría entonces de Crátilo y la imagen de Crátilo o de dos Crátilos?

Crá.–En mi opinión, Sócrates, de dos Crátilos.

Sóc.–¿Ves, por tanto, amigo, que es preciso buscar en la imagen una rectitud distinta a lo que ahora apuntábamos, sin que obligatoriamente deje de ser una imagen en el caso de que falte o sobre algo? ¿No te das cuenta de cuánto distan las imágenes de poseer las mismas cosas que aquello de lo que son imagen?

CRÁ.–Me doy cuenta.

SÓC.–Desde luego, sería digna de risa la situación en que por causa de los nombres se verían envueltas aquellas cosas cuyos nombres son precisamente ésos, si todos fueran punto por punto iguales a ellas, dado que todo vendría a ser doble y nadie estaría en condiciones de afirmar cuál es la cosa misma y cuál su nombre.

CRÁ.–Verdad dices.

SÓC.–¡Ánimo, pues, mi noble amigo! Admite que hay nombres que están bien puestos y otros que no, y no pretendas que por fuerza hayan de poseer todas las letras para que sean exactamente iguales que las cosas de las que son nombre: deja que se les añada una letra que no les corresponde; y si una letra, también un nombre a un enunciado; y si un nombre, añade también un enunciado al discurso, por más que éste no se avenga a la realidad, que no por eso la cosa en cuestión va a dejar de ser nombrada y dicha en menor medida. Basta con que se conserve dentro la impronta de la cosa en torno a la que gira el discurso, como en el caso de los nombres de las letras, si te acuerdas de lo que Hermógenes y yo comentábamos hace un momento.

e

433*a*

CRÁ.–Cierto que me acuerdo.

SÓC.–Estupendo, entonces. De hecho, mientras conserve su impronta y aunque no posea los elementos que le son propios, la cosa resultará dicha; bien si dispone de todos, mal si dispone de sólo unos pocos. Admitamos, pues, mi afortunado amigo, que resulta dicha, a fin de que no tengamos que afrontar una multa, como los que, en

Egina, deambulan por los caminos bien entrada la noche, y no parezca que también nosotros, en verdad, lleb gamos a las cosas más tarde de lo debido. De lo contrario, busca tú alguna otra rectitud para el nombre y no convengas en que el nombre es manifestación de una cosa por medio de sílabas y letras, puesto que si sostienes ambas posturas, no podrás estar de acuerdo contigo mismo[71].

CRÁ.–Me parece, Sócrates, que has hablado cabalmente y así lo asumo.

SÓC.–Bien, dado que coincidimos en este punto, pasemos a evaluar el siguiente: si sostenemos que el nombre ha de ser puesto adecuadamente, ¿es preciso que cuente con las letras correspondientes?

CRÁ.–Sí.

c   SÓC.–¿Y las correspondientes son aquellas semejantes a las cosas?

CRÁ.–Ciertamente.

SÓC.–Luego los nombres que están bien puestos han sido puestos de este modo. Sin embargo, si alguno no ha sido asignado correctamente, su mayor parte estará presumiblemente formada a partir de letras que le corresponden y son semejantes, si es que ha de ser una imagen, aunque contenga algún elemento que no le corresponda, y a causa del cual el nombre ni será bueno ni estará bien formado. ¿Hemos de manifestarnos en este sentido o en otro distinto?

---

71. Esto es, establecido el ejemplo de los dos Crátilos, no se puede afirmar a la vez que el nombre es manifestación de la cosa y que debe reproducirla tal cual es, porque, de ser así, nombre y cosa no se podrían distinguir.

CRÁ.–No creo, Sócrates, que sea preciso discutir; si bien no me satisface la idea de afirmar que existe un nombre y que, sin embargo, no está bien puesto.

SÓC.–¿No te satisface que el nombre sea manifestación de la cosa?

CRÁ.–Esto sí.

SÓC.–¿Y en cambio no te parece cierto que unos nombres estén compuestos a partir de los primigenios y que otros sean primigenios?

CRÁ.–Sí.

SÓC.–Ahora bien, si los nombres primigenios han de ser manifestaciones de cualesquiera cosas, ¿tienes tú algún medio mejor de convertirlos en manifestaciones que hacerlos lo más semejante posible a las realidades que deben reflejar? ¿O te seduce más la teoría que Hermógenes y tantos otros sostienen acerca de que los nombres son convenciones y manifiestan las cosas a quienes los han convenido y tienen un conocimiento previo sobre dichas cosas, y que ésta, la convención, constituye la rectitud del nombre, y que no existe diferencia alguna en que rija la convención actual o que, por el contrario, a lo que hoy es pequeño se le denomine grande y a lo que es grande, pequeño? ¿Cuál de estas dos teorías te satisface más?

CRÁ.–Pero, Sócrates, existe una total y completa diferencia entre manifestar por medio de la semejanza aquello que se quiere manifestar y hacerlo aleatoriamente.

SÓC.–Dices bien. En consecuencia, si el nombre ha de ser igual que el objeto, necesariamente las letras de las que se componen los nombres primigenios, ¿no habrán de ser por naturaleza semejantes a las cosas? Me refiero a lo siguiente: ¿habría podido alguien realizar una pintura –volviendo al ejemplo anterior– semejante a cualquier cosa existente, si las mixturas de las que se componen dichas pinturas no fueran por naturaleza semejantes a las realidades que imita el arte pictórico? ¿No es ello imposible?

CRÁ.–Imposible.

SÓC.–¿Luego, del mismo modo, tampoco los nombres podrían asemejarse a nada si de antemano no existiera en los elementos de que se componen una cierta semejanza con los objetos de los que los nombres son imitación? ¿Y no son estos elementos, a partir de los cuales se han de componer, las letras del alfabeto?

CRÁ.–Sí.

SÓC.–Luego también tú estás ahora participando del razonamiento que hace un momento asumía Hermógenes. De acuerdo: ¿te parece acertado que digamos que la *r* se compadece con el traslado, el movimiento y la dureza? ¿O no acertado?

CRÁ.–Me parece acertado.

SÓC.–¿Y la *l* con lo afable, lo blando y las cualidades que antes mencionábamos?

CRÁ.–Sí.

SÓC.–¿Y sabes que para el mismo concepto que nosotros empleamos *sklērótēs* («dureza»), los eritreos emplean *sklērotḗr*?

CRÁ.–Cierto.

SÓC.–¿Significa entonces que la *r* y la *s* se asemejan ambas a la misma cosa y que la palabra expresa lo mismo para ellos acabando en *r* que para nosotros acabando en *s*? ¿O no expresa nada para uno de los dos?

CRÁ.–Expresa lo mismo tanto para ellos como para nosotros.

SÓC.–¿En la circunstancia de que la *r* y la *s* sean semejantes o en la de que no lo sean?

CRÁ.–En la de que lo sean.

SÓC.–¿Y son semejantes en toda situación?

CRÁ.–Puede que al menos a la hora de expresar la noción de traslado.

SÓC.–¿Y la *l* que hay en medio? ¿No expresa lo contrario a la dureza?

CRÁ.–Pues tal vez no sea ése su sitio adecuado, Sócrates. Como lo que tú mismo le contabas a Hermógenes hace un momento, cuando quitabas y ponías letras allí donde era preciso, lo cual me parecía acertado. Quizá también ahora sea preciso emplear una *r* en lugar de una *l*.

SÓC.–Dices bien. ¿Entonces qué? ¿Es que con nuestra forma de hablar actual no nos entendemos los unos a los otros si alguien dice *sklērón* («duro»)? ¿Acaso no comprendes lo que te estoy diciendo ahora?

CRÁ.–Sí te entiendo, mi queridísimo amigo; por la costumbre.

SÓC.–¿Al hablar de costumbre, piensas que te refieres a algo diferente a convención? ¿O es que por costumbre entiendes otra cosa distinta al hecho de que, cuando yo pronuncio este término, tengo en mente una noción y tú entiendes lo que yo tengo en mente? ¿No te refieres a eso?

CRÁ.–Sí.

SÓC.–En consecuencia, si me entiendes cuando lo pronuncio, ¿no es ésa una manifestación que estás recibiendo por mi parte?

CRÁ.–Sí.

SÓC.–El caso es que procede de algo distinto a lo que yo tengo en mente cuando lo pronuncio, si es que la *l*, como aseguras, es extraña a la dureza. Si eso es así, ¿qué otra cosa significa esto que el hecho de que lo has convenido contigo mismo y que para ti la rectitud del nombre es convención, toda vez que tanto las letras semejantes como las desemejantes manifiestan las cosas en virtud de la costumbre y la convención? Ahora bien, ni aun en el supuesto de que la costumbre no fuera fundamentalmente *b* convención, con todo, no sería correcto decir que la semejanza es manifestación, sino la costumbre, dado que, según parece, es capaz de manifestar por medio tanto de lo semejante como de lo desemejante. Y como coincidimos en este particular, Crátilo –tomaré tu silencio como un asentimiento–, será forzoso que convención y costumbre participen de algún modo en la manifestación de lo que tenemos en el pensamiento a la hora de hablar. Porque, mi excelente amigo, si es que te apetece que pasemos a los números, ¿de dónde piensas que podrías obtener nombres semejantes para poder imponérselos a cada número, si no aceptases que el consenso y la convención ejercieran su autoridad en lo tocante a la recti- *c* tud de los nombres? Desde luego, a mí me satisface particularmente que los nombres sean, en la medida de lo posible, lo más semejante a las cosas. Pero cuidado, no vaya a ser que esta capacidad de arrastre de la semejanza resulte, en palabras de Hermógenes, rebuscada, y nos veamos forzados a echar mano del fastidioso expediente de la convención para explicar la rectitud de los nombres. De hecho, probablemente se hablaría de forma muy hermosa si en la medida de lo posible se emplearan términos total o en su mayor parte semejantes, *d* esto es, que se adecuen a las cosas, y de la manera más horrísona en el caso contrario. Pero después de todo esto, dime aún lo siguiente: ¿qué valor tienen para nosotros los nombres y cuál es esa bella función que decimos que cumplen?

CRÁ.–En mi opinión, Sócrates, la de enseñar. Y esto es muy simple: el que conoce los nombres conoce también las cosas.

SÓC.–Tal vez, Crátilo, te refieras a esto: que cuando alguien conoce cómo es el nombre –que precisamente es *e* como la cosa–, conocerá también la cosa, ya que se da la circunstancia de que ésta es semejante al nombre, y existe una única arte relativa a las cosas que son semejantes entre sí. Según esto, lo que en mi opinión quieres decir es que quien conoce los nombres, conocerá también las cosas.

CRÁ.–Absolutamente cierto eso que dices.

SÓC.–Pero aguarda. Veamos cuál pueda ser este método de enseñanza de las cosas que mencionas ahora, y si es que hay otro, por más que aquél sea mejor, o no hay otro más que éste. ¿Por cuál de las dos opciones te inclinas?

CRÁ.–Mi opinión es la siguiente: no hay ningún otro en *436a* absoluto, y éste es el único y mejor.

SÓC.–¿Y consideras que también consiste en esto el descubrimiento de las cosas, en que quien descubre los nombres descubre, asimismo, aquello de lo que son nombres? ¿Es que buscar y descubrir requieren un método distinto, mientras que aprender requiere éste?

CRÁ.–Por encima de cualquier otro, el método para buscar y descubrir es el mismo y en relación a las mismas cosas.

b SÓC.–De acuerdo, Crátilo; reflexionemos: si alguien busca las cosas adhiriéndose a los nombres, esto es, evaluando lo que cada uno pretende significar, ¿no comprendes que existe un peligro no pequeño de llamarse a engaño?

CRÁ.–¿Cómo?

SÓC.–Es evidente, según sostenemos, que el primero que puso los nombres, cual consideraba que eran los objetos, así también puso los nombres. ¿O no?

CRÁ.–Sí.

SÓC.–Luego si su consideración fue inexacta y los puso tal y como los consideró, ¿qué crees tú que nos pasará a nosotros por seguirle, sino que vernos engañados?

CRÁ.–Me temo que no sea así, Sócrates, sino que, por *c* fuerza, el que puso los nombres lo hizo con conocimiento de causa. De lo contrario –lo vengo diciendo hace rato–, no serían nombres. Y la prueba más contundente de que quien puso los nombres no faltaba a la verdad la tienes en que jamás le habrían salido todos tan acordes entre sí. ¿O no es eso lo que tenías en mente cuando afirmabas que todos los nombres se habían originado bajo las mismas pautas y con el mismo fin?

SÓC.–Pero esto, mi buen Crátilo, no es en absoluto un *d* argumento, dado que si el que impuso los nombres, errando en el primero, supeditó forzadamente los demás a éste y los obligó a concordar con él, no es nada extraño. Lo mismo que a veces ocurre con las figuras geométricas, que, al producirse un primer error, minúsculo e imperceptible, los que se suceden a continuación, por muchos que sean, concuerdan todos entre sí. Es preciso, por tanto, que todo individuo, en lo que toca al comienzo de cualquier asunto, someta a reflexión y a una profunda consideración si está bien apuntalado o no. Una vez que dicho comienzo esté suficientemente comprobado, el resto aparecerá como consecuencia suya. Y desde luego que no me asombraría de que también los propios nombres concordaran entre sí. En efecto, examinemos *e* de nuevo los que hemos analizado anteriormente. Hemos afirmado que los nombres nos expresan la esencia de las cosas en la idea de que el universo va, se mueve, fluye. ¿O te parece que así están manifestando otra cosa?

CRÁ.–La expresan pero que muy correctamente. 437*a*

SÓC.–De entre ellos, rescatemos en primer lugar el nombre de «conocimiento» *(epistḗmē)* y comprobemos lo ambiguo que es, en tanto que más bien parece expresar que «detiene» *(hístēsin)* nuestra alma sobre las cosas en lugar de moverse con ellas. Asimismo, es más correcto pronunciar su comienzo como hoy día que, con el añadido de una *h*, decir *hepistḗmē*, y en cambio aplicar la inserción en la *i* en lugar de la *e*[72]. A continuación, lo «estable» *(bébaion)*, que es imitación de «base» *(básis)* y *b* «quietud» *(stásis)*, y no de movimiento. Luego, la «investigación» *(historía)* que viene a significar, más o menos, «detener» *(hístēsi)* el «flujo» *(rhoûn)*, o lo «fiable» *(pistón)*, que, de todas todas, expresa lo «que detiene» *(histán)*. Después, la «memoria» *(mnḗmē)*, como es obvio para todo el mundo, viene a ser «permanencia» *(monḗ)* en el

---

72. Es decir, *ephisḗmē* en vez de *hepistḗmē*.

alma, no movimiento. Y, si te place, el «error» *(hamartía)* y la «circunstancia» *(symphorá)*, en caso de que uno se deje llevar por el nombre, mostrarán ser lo mismo que la famosa comprensión, el conocimiento y todas aquellas otras palabras referentes a las cuestiones importantes. Y aún más: la «ignorancia» *(amathía)* y la «intemperancia» *(akolasía)*, que parecen muy semejantes a ellas, pues la una, la ignorancia, aparenta ser el camino de «quien va junto al dios» *(háma theôi ióntos)*, mientras que la intemperancia es, clarísimamente, el «acompañamiento de las cosas» *(akolouthía toîs prágmasi)*. De este modo, aquellas que percibimos como denominaciones de los conceptos negativos, se nos asemejan en grado sumo a los que aplicamos a los conceptos positivos. Creo, asimismo, que si alguien se tomara la molestia, aún podría encontrar muchos otros nombres a partir de los cuales podría entender que quien estableció las denominaciones quiso, antes bien, expresar las cosas no en acción o en movimiento, sino en reposo.

c

d CRÁ.–En cambio, Sócrates, observarás que la mayor parte las expresó del otro modo.

SÓC.–¿Qué significa eso, Crátilo? ¿Habremos de contabilizar los nombres como si fueran votos y en esto estribará su rectitud? ¿Acaso lo verdadero será aquello que la mayoría de los nombres parezca significar?

CRÁ.–No es verosímil.

SÓC.–Por descontado que no, amigo. Dejemos, pues, esto aquí y[73]

---

73. En este punto los manuscritos presentan dos versiones, una de las cuales fue juzgada espuria por Jachmann. Por su parte, Kapp, con-

[VERSIÓN A]
comprobemos si también coincides conmigo en este punto o no: bien, ¿no acabamos de acordar que los que imponen los nombres en cada ciudad, ya sea griega o extranjera, son los legisladores y que éstos ejercen el arte legislativo, que tiene la potestad de poner nombres?

CRÁ.–Cierto.

SÓC.–Y dime, ¿los primeros legisladores formaron los primeros nombres conociendo las cosas a las que se los aplicaban, o los pusieron desconociéndolas?

CRÁ.–Conociéndolas, Sócrates, creo yo.

SÓC.–Sí, no creo que lo hicieran sin conocerlas, amigo Crátilo.

CRÁ.–No, no me lo parece.

SÓC.–¿De qué modo, entonces, vamos a afirmar que eran legisladores o que los pusieron con conocimiento de causa antes de que hubiera sido establecido nombre alguno y de que conocieran las cosas, si, precisamente, no es posible conocer las cosas sino a partir de los nombres?

[VERSIÓN B]
regresemos de nuevo al punto desde el que hemos acabado por llegar aquí. Hace un rato, si recuerdas, afirmaste en tus anteriores argumentaciones que quien puso los nombres debía, a la fuerza, ser conocedor de aquello a lo que se los ponía. ¿Te parece todavía que eso es así o no?

CRÁ.–Todavía.

---

siderando auténticas las dos, llamó versión A a la considerada sospechosa y B a la que tradicionalmente se ha tenido como «buena». Ofrecemos las dos.

Sóc.–¿Y también sostienes que el que puso los nombres primigenios los puso con conocimiento de causa?

Crá.–Con conocimiento de causa.

Sóc.–Pero, entonces, ¿de qué nombres aprendió o descubrió las cosas, si los nombres primigenios aún no habían sido establecidos, siendo que hemos afirmado que es imposible aprender y descubrir las cosas de otra manera que conociendo los nombres o descubriendo cuál es su esencia?[74]

Crá.–Yo creo, Sócrates, que la explicación más fidedigna sobre estas cuestiones es que existe una potencia mayor que la humana que asignó los nombres primigenios a las cosas y que, por ende, éstos han de ser necesariamente correctos.

Sóc.–¿Y piensas, por tanto, que el que los puso, ya fuera un demon o un dios, lo hizo en contradicción consigo mismo? ¿O te parece que no tiene sentido lo que acabamos de decir?

Crá.–Pero mira no vaya a ser que algunos de ellos no fueran nombres.

Sóc.–¿Cuáles, mi brillante amigo, los que conducen a la quietud o los que conducen al movimiento? Porque, de acuerdo con lo que acabamos de decir, no se habrá de decidir en virtud de su número.

Crá.–No sería de recibo, Sócrates.

Sóc.–Luego, si los nombres disienten entre sí, y unos afirman que son ellos los semejantes a la verdad y otros, que son ellos, ¿cómo podremos discernir de aquí en ade-

---

74. Hasta aquí la versión B.

lante y recurriendo a qué? Desde luego que no a otros nombres distintos de éstos, porque no los hay. Está claro, antes bien, que habrá que indagar en un plano distinto al de los nombres y que nos demuestre, sin recurrir a ellos, cuáles de ellos son los auténticos, mostrándonos nítidamente la verdad de los seres.

CRÁ.–En mi opinión, eso es así.

SÓC.–En el caso de que esto sea así, Crátilo, es posible, según parece, el conocimiento de los seres sin la intervención de los nombres.

CRÁ.–Eso parece.

SÓC.–¿Mediante qué otro medio, pues, esperas aún poder conocerlos? ¿Qué otro medio sino –como es verosímil y justísimo– el de unos a través de otros, si estuvieran emparentados, y a través de sí mismos? De hecho, un medio distinto y extraño a ellos expresaría, asimismo, algo distinto y extraño, pero no a ellos.

CRÁ.–Me parece que estás en lo cierto.

SÓC.–¡Alto ahí, por Zeus! ¿No hemos quedado miles de veces en que los nombres que están puestos correctamente son semejantes a aquello que denominan y que son imágenes de las cosas?

CRÁ.–Sí.

SÓC.–Luego si es en todo punto posible conocer las cosas a través de los nombres y también es posible hacerlo a través de ellas mismas, ¿cuál de las dos sería la fórmula de aprendizaje mejor y más clara? ¿Conocer a partir de la imagen si representa fielmente la verdad de la que es imagen, o conocer esa verdad a través de sí misma y si su imagen ha sido realizada convenientemente?

CRÁ.–Me parece que necesariamente a partir de la verdad.

Sóc.—Es posible que, tanto a ti como a mí, nos venga grande averiguar cuál es el método necesario para conocer y descubrir los seres. Tendremos, pues, que contentarnos con haber llegado a la conclusión de que los seres hay que conocerlos y buscarlos no a partir de los nombres, sino a partir de sí mismos, antes, con mucho, que a partir de los nombres.

Crá.—Eso parece, Sócrates.

Sóc.—Pues bien, con el objeto de que toda esta multitud de nombres que tienden hacia un mismo punto no nos engañe, investiguemos aún si los que asignaron los nombres lo hicieron pensando realmente —y, de hecho, yo soy de la opinión de que sí lo pensaban— que todo fluye y está continuamente en movimiento, o si, por casualidad, esto no es así y son ellos mismos los que, como si se hubieran caído en un torbellino, se muestran aturdidos y, arrastrándonos a nosotros, nos precipitan en él. Presta atención, mi asombroso Crátilo, a lo que muchas veces he soñado: ¿podemos asegurar que existe algo hermoso en sí, y bueno, y así con cada uno de los seres, o no?

Crá.—En mi opinión sí existe, Sócrates.

Sóc.—Entonces, examinemos este hecho en sí; no si una cara es hermosa ni nada por el estilo, pues parece que todo eso fluye, sino si lo bello en sí mismo, digamos, permanece siempre tal cual es.

Crá.—Necesariamente.

Sóc.—En consecuencia, ¿sería posible definirlo con exactitud, siendo que se encuentra en continuo alejamiento, diciendo en primer lugar que existe y, luego, que es tal cosa? ¿O, necesariamente, en el preciso instante que estamos diciendo esto, ha pasado a ser automáticamente algo distinto, se aleja y ya no es así?

CRÁ.–Necesariamente.

SÓC.–¿Cómo podría ser nada lo que nunca se encuentra en el mismo estado? Porque si en alguna ocasión se mantiene en el mismo estado, está claro que en ese preciso momento no se transforma en absoluto. Pero si se encuentra siempre en el mismo estado y es lo mismo, ¿cómo podría transformarse y moverse, sin apartarse en nada de su propia forma? *e*

CRÁ.–De ninguna manera.

SÓC.–Pero, entonces, no podría ser conocido por nadie, dado que en el instante en que alguien se acercara para conocerlo, se convertiría en otra cosa distinta, de modo que ya no podría conocerse ni qué es ni cómo es. En efecto, ningún tipo de conocimiento conoce lo que en modo alguno existe. 440*a*

CRÁ.–Es así como dices.

SÓC.–Ni siquiera es plausible afirmar que existe un conocimiento, Crátilo, si todas las cosas cambian y nada permanece. De hecho, si eso mismo, el conocimiento, no dejara de ser conocimiento, podría permanecer como tal y ser conocimiento. Pero si la propia idea de conocimiento cambia y a su vez cambiara a una idea distinta del conocimiento, ya no sería conocimiento. Ahora bien, si estuviera en constante cambio, nunca habría conocimiento, y según este razonamiento, no existiría ni lo que ha de conocer ni lo que ha de ser conocido. Pero si siempre existe lo que conoce, también existe lo que se conoce, existe lo hermoso, existe lo bueno y existe cada uno de los seres, y no me parece que estas cosas que *b* acabamos de mencionar sean semejantes ni al flujo ni al movimiento.

a Por lo tanto, que esto sea así o de la manera que dicen los seguidores de Heráclito y otros muchos, me temo que no sea cosa fácil de dilucidar. Lo que no es propio de un hombre con dos dedos de frente es tratar de salvaguardarse a sí mismo y a su propia alma consagrándose a los nombres, rindiendo entera confianza tanto a ellos como a los que los pusieron, así como sostener recalcitrantemente que sabe algo y juzgar de sí mismo y de los seres que no hay nada de nada que esté sano, sino que todo fluye como las vasijas de barro, o, simplemente,
d pensar que, como las personas enfermas de catarro, también las cosas se encuentran en esa situación, todas ellas afectadas por la corriente y el catarro.

Por consiguiente, Crátilo, puede que esto sea así, puede que no. En todo caso, es preciso investigarlo a fondo y con audacia, y no aceptar las cosas fácilmente, que todavía eres joven y estás en edad. Y una vez examinado, si descubres algo, hazme partícipe de ello también a mí.

CRÁ.–Lo haré. Pero que sepas, Sócrates, que ni siquie-
e ra ahora he dejado de examinarlo, pero cuanto más lo miro y me aplico al asunto, tanto más me parece que es como Heráclito dice.

SÓC.–Ya me lo enseñarás en otra ocasión, amigo; cuando estés de vuelta. Pero, ahora, equipado como vas, marcha al campo, que te acompañará también nuestro Hermógenes.

CRÁ.–Así será, Sócrates. Pero trata tú de reflexionar aún sobre ello.